結局、「決められる人」がすべてを動かせる

日常から抜け出すたった1つの技術

藤由達藏

青春出版社

はじめに　決める力がすべてを解決する

「逆だ。何かをやろうと決意するから意志もエネルギーもふきだしてくる」

岡本太郎（『自分の中に毒を持て』青春出版社刊）

本書を手に取っていただき、ありがとうございます。

本書はタイトルからもわかる通り、「決断力」をテーマに書きました。

あなたは、「決断力」と聞くと、どういったことを想像するでしょうか？

「会社の重要なプロジェクトでの戦略を決定する」

prologue

はじめに

「新規プロジェクトの予算を決定する」
「会社を辞めるという決断をする」
「結婚をすると決める」

など、ビジネスシーンやプライベートにおいて重要な決定をする、退路を断って何かを決める、ということを想像するかもしれません。どこか日常的な決定とは離れた、決断する機会というのは、それほど多くないと感じる人も多いでしょう。Aの道に進むか、Bの道に進むかで人生は大きく変わってしまう――と。

しかし、それは誤りです。

人生は意思決定の連続です。日常的に、私たちはいくつもの選択肢の中から選んで行動を起こしています。いつ起きるか、何を食べるか、誰と会うか、どこへ行くか、何をするか、今日はどこまで仕事を進めるか、スケジューリングはどうするか……など、無数の決定を日々行っているのです。

こう書くと、すでに決断力はあるじゃないか、と思うかもしれませんが、それは少し違います。**本当に重要な決定はしていない**のです。実際、私は多くの人の夢を応援し、ビジネスを含めたコーチングを行っていますが、

「やろうかなと思っているけど、できていない」
「本当にやりたいことはあるけれど、なかなか踏み出せずにいる」
「新しい企画を始めたいけれど、正しい選択がわからない」

など、多くの人が迷い、なかなか行動や意思決定ができないことが多いのです。

「何を決定するか」よりも、「決定するかどうか」が重要

本書は、重要な決断をする力というよりも、**自ら決定することそのものの重要性**を説いた本です。

たとえば、会社を辞めて独立するか、そのまま続けるか、で迷うことがあるでしょう。その場合、どちらが正しいと考えるのではなく、あなたが「決めること」そのものが重要になります。

会社を辞めたいけど辞められないまま続けている。この状態を続けていることは、

会社にとってもあなたの人生にとってもいいものではありません。イヤイヤ続けていたり、迷いながら続けていたりすると、ストレスを溜めてしまったり、疲れやすくなったりします。つまり、仕事のパフォーマンスも下がりますし、愚痴や言い訳が増えます。

人生において迷いは絶えずあなたを支配します。人生は意思決定の連続であるはずが、実際は迷ったまま、流され、なんとなく今の人生がある人も多いでしょう。

どちらをやるか、何をするかではなく、あなたが「やると決める」ことそのものが重要なのです。

決めれば、すべてが動き出します。決めるスピードが速ければ速いほど、チャンスが得られます。先行者利益という言葉もある通り、やろうと思ったときにやれる人は、決断が遅い人よりも数倍有利になるのです。

また決断さえできてしまえば、迷いや不安から自由になります。何かを決断したとしても不安になることもあるでしょうが、それも織り込み済みで感じる不安であれば、それ自体を次のステージに進んでいる証拠として楽しめるようになります。

迷いのストレスからもすぐ解放され、自分が決めたことに100%集中できるようになります。あなたが決めれば、すべてが始まるのです。

「決めること」からすべてが始まる

決定することは「**ビッグバン**」に似ています。

ビッグバンは、今から138億年前に起こった、宇宙の始まりの大爆発です。それ以前は無の世界でした。少なくとも現在の宇宙はなく、当然太陽も地球も月も天王星も海王星もありませんでした。

ビッグバンからすべてが始まったのです。

私は「決める」ということも、これに似ていると思っています。

あなたがどれだけ素晴らしい社会を変えるアイデアを持っていても、やりたい夢があっても、自分の思いや感情があっても、未だそれは存在していないのです。

決定するというのは「ビッグバン」を起こすことです。

あなたが何を選択するにしても、数ある選択肢の何をするでも関係はなく、あなたが「これをやる」と決めることから、すべて始まるのです。何を選ぶかが重要なのではなく、あなたが決めることそのものが重要なのです。

あらゆる選択肢を想定し、今その瞬間にこれだと思ったことを決める。決めたならばそれをやる。それだけですべては動き出すのです。

そして、この「決める力」はとてつもないエネルギーを秘めています。

あなたがこれまで、どんな人生を送ってきていても、何の能力や才能を持っていないと思っていたとしても、関係がないのです。

たとえば、ものすごく虚無な人生を送っていたとしても、あなたがやりたいことをして楽しい人生にすると本気の決断さえして、本気で動き出せば、楽しく充実した人生に一変することも可能です。

本気の決断、本気で決めることが、あなたを動かす大きなエネルギーになります。

他人に何かを決められるのではなく、思考を放棄しなんとなく日常を過ごすのではなく、あなたが次の一手を、明日を、新しい人生を「決めていく」。

それでこそ最高の人生が手に入るのです。

もちろん、その決断力を手に入れるには、少しコツがあります。本書ではその決断力を手に入れる方法をご紹介していきます。

この「決める力」が身につくと、劇的に人生を変える効果があります。

・行動する力が生まれる
・リーダーシップが生まれる
・周りの人に対しての影響力が高まる
・自己肯定感が高まる（自信が生まれる）
・頭の回転、意思決定のスピードが高まる
・先延ばし癖、三日坊主がなくなる
・不安やストレスが激減する
・夢が叶いやすくなる
・自己決定感が高まり、日々、充実感や幸福感を得やすくなる
・人に流される人生から、自分が選択する人生になる

prologue / はじめに

あなたが「決められる人」になれば、すべてが変わります。

決めれば、問題の9割は解決したも同然なのです。


学校のテストや試験問題には正解はありますが、ビジネスや人生にはほとんどが正解はありません。

以前は正解だったことでも、時代や状況が変われば不正解になり得るからです。

ただし、あなたが進むべきことややるべきことを決めれば、状況はまた変わります。

それもいい方向に。あなたの意識、エネルギー、行動、習慣、人間関係……すべてが一変するのです。

本書でお伝えする「決める力」が、あなたの人生を好転させる一助となれば、著者としてこれほど嬉しいことはありません。

夢実現応援家・メンタルコーチ　藤由達藏

◎目次

第1章

なかなか決められない人の11の共通点（知る）

contents
目次

contents

目次

第3章 「決められる自分」に変わる方法（変える）

第4章

決断を行動につなげる習慣（つなげる）

第5章 決断をゴールにつなげる目標達成法（夢をかなえる）

編集協力　鹿野哲平
本文デザイン　二神さやか
DTP　野中賢（株式会社システムタンク）
イラスト　せとゆきこ

第1章

なかなか決められない人の11の共通点（知る）

Become aware

なかなか決められない人は、結局行動に移さない

いつも決断、決定ができずに迷ってしまう——。そういう方は多くいらっしゃいます。知識もスキルも十分ある。努力もしているし、学んではいるものの、それが結果につながらない。

そういう方のお話を聞いてみると、ある原因が見えてきます。

それが、「具体的な行動ができていないこと」です。

ではなぜ行動ができないのか？　そのわけを聞いてみると、

「インプットは増えたのですが、今ひとつ、何をしたらいいかわからない」

「会計スキルとか英語力とかプレゼンとかやるべきことはわかっているのに、じゃあ何からしたらいいのか決められないんですよ」

「これをしよう、と決めてしまうと、何かそれに縛られてしまうじゃないですか。もう少し様子を見て考えたいなと思っているんです」

などという言葉が返ってきます。

「行動することが大事」ということは、頭ではわかってはいるし、知ってはいるものの、行動する「決断」ができないのです。

これでは何をどれだけ学んでも当然、現実は変化しません。

決断と行動は、言葉は別のものですが、実は同一性があります。

行動できないのは、行動するという決断ができないからなのです。

学んだだけで行動できない人には、いくつかの共通点、そして間違った習慣があります。

まずは、それらを見ていきましょう。

なかなか決められない人は、たくさんの「機会損失」をしている

「機会損失」という言葉を聞いたことがあると思います。

何かをするときに、最善の意思決定をしないことによって、より多くの利益を得る機会を逃すことで生じる損失のことです。

たとえば、突然の大雪の日に、ホームセンターに雪かきスコップを買い求める人が殺到したとします。ところがスコップの在庫が少なかったために、多くのお客様はがっかりして、ほかのお店に買い求めに行ってしまいました。この日、スコップの在庫が十分にあれば、飛ぶように売れたはずです。

このように、本来得られたはずの利益を逃すことを「機会損失」と呼びます。

決断できない人は、機会損失をたくさん抱えています。

そして厄介なことに、機会損失をしていることに気づいていません。

決断しないデメリットは知っているはずなのに、なぜ、決断できないのか？

それは、**現状維持のメカニズム**によるものです。

人間は今の状態や状況を維持するようにプログラムされています。

たとえば、過去にやったことがあるプロジェクトは問題なく進みますが、初めての案件は不安を感じ、なかなか進みません。また、通ったことがない道より、いつも通る道のほうが安心するのも、現状維持のメカニズムです。

決断できない人は、無意識に決断を先延ばしにすることで、安心を得ているのかもしれません。

「新しい挑戦なんて、やっぱり難しいでしょ」

「いきなり変えるのはちょっと……」

「始めちゃうと、あとが大変だから……」

と、理由は色々考えつき、結局、行動したり、変化したりする決断をしない。これによって、リスク回避をしているように感じるかもしれませんが、そこには同時に「機会損失」が発生しているのです。

まずはそれに気づきましょう。

本来、すぐに決断し、行動を変えていれば得られた結果、チャンスやメリットをみすみす失っている可能性が高いのです。

「チャンスの神様は前髪しかない」と言われます。

チャンスはそのときにつかまなければ、二度と来ません。決断できない人は、チャンスを逃し、メリットを失い続けるのです。

なかなか決められない人は、「状況を悪化させている」ことに気づかない

変化を恐れすぎ、「何もしないほうがよさそうだ。変化せずにいれば安定できる」という幻想を抱くかもしれません。

しかし、変化しないということが、安定するとは限りません。

なぜなら、**現実は常に変化している**からです。

たとえば、社内で新規事業に取り組むことが決まり、スタートアップ・メンバーの募集が行われたとします。興味があるので、応募しようかと思いながらも「今、取り組み途中の仕事もあるし、新規事業では何をすることになるかわからないから不安だ」などと決めかねている人は、確実にチャンスを逃します。

応募しても受け入れられないこともあります。そのときには現在の部署に留まればいいし、受け入れられたら新しい仕事が待っているだけです。

いつまでも迷い、ぐずぐずして応募しないでいたら、自分の部署がリストラの対象となったり、不本意な部門に異動させられたりするかもしれません。

あなたが変化をしなくても、周りが変化していれば、安定することはなく、それどころか状況が知らない間に悪化している可能性だってあるのです。

何か行動することにおいてもそうです。

提出書類の作成など、まだ時間があると思ってぐずぐずと先延ばししていると、いざ取りかかろうと思ったときにクレームの連絡が入って、提出書類どころではなくなってしまうかもしれません。

企画提案が思い浮かび、書類にまとめようと思ったときにすぐ提出を決断せず、「もう少し練り上げてから出そう」などと言っているうちに、ほかの人によって同様の提案が出されてしまい、せっかくの企画や作成した書類がすべて意味を失ってしまうということもあります。

もしも昨年、同じ提案をしていたら有効だったのに、今同じ提案をしようとしても、法律が変わり、業界の情勢も変わってしまい、提案が陳腐化してしまうということもあるでしょう。

なかなか決められない人は、「失敗」を恐れすぎている

「決断が苦手」

「優柔不断と言われるし、自分でもそう思う」

「誰かが決めてくれたほうが楽だと思っている」

そういう方もいらっしゃるでしょう。

なかなか決められない人は、好意的な見方をすればとても慎重な方です。「状況を分析し、熟考してから決断したい」と思っているのかもしれません。

同時に意地の悪い見方をすれば、決断して行動して、失敗することを恐れすぎているとも言えます。もしかすると、無意識に、こういった思考が働いているかもしれません。

「やったら失敗するかもしれない。しかし、やらなければ成功も失敗もしない」

だから決断を保留し続けてしまうのです。現状維持のほうがまだ安心できるから、やらないという決断をしてしまうのです。

失敗に対する恐怖は皆が持っています。誰でも怖いと思い始めれば、怖くなるもの。しかし、これは現実には起きていないことに対する恐怖でしかありません。行動したからと言って必ず失敗するとは限らないのです。

もちろん、「過去に失敗したことがあるから……」という場合もあるでしょう。失敗したことを思い出して、失敗への恐怖を募らせてしまうと失敗した記憶が次々と思い出されてしまいます。

また、心理現象の法則に従えば、**「注目したところが拡大する」**ものです。失敗に注目すれば、失敗を見つけやすくなります。そして、やってもいないのに失敗を想定し、やってもやらなくても失敗してしまう。そんな悪循環に陥ってしまうのはとてももったいないことです。

もしも失敗しそうだと思うならば、今から失敗しないために何ができるかを考え、手を打ち、対処することもできるのです。

何がなんでも恐怖する必要はありません。

元アップル・ジャパン社長で、現在コミュニカ代表取締役の山元賢治さんは、世界で活躍できる経営者の資質を『覚悟１０８®』というコンセプトブックにまとめていらっしゃいます。１０８個のコンセプトのひとつに、

The only constant is change.
この世で、たったひとつの真実は、変わり続けることだけ

とあります。

日本ＩＢＭ、日本オラクル、アップル・ジャパンなど世界的な企業で活躍してきた山元さんの言葉だけにずっしりとした重みがあります。

あなたを取り巻く環境は変化し続けるのです。実は、あなた自身ですら一時たりとも変化しないということはありません。常に変化し続けています。

「何事も変化しませんように」と祈っても、状況は変化しないわけがないのです。その状況があなたにとって好ましいものか否かは、わかりません。少なくともあなたのコントロール下にはないのです。

なかなか決められない人は、「完璧主義」にとらわれている

「自分は絶対に失敗できないし、したくない」と考えすぎて、「完璧に準備が整わない限り行動しない」という方もいます。

これは完璧主義的な性格が仇《あだ》となり、決断できないのです。

「完璧でないと気が済まない」

「準備が整っていない」

という完璧主義の方は、失敗は許されないと考える傾向にあり、失敗する恐怖を人一倍感じているとも言えます。恐怖の自覚がない方もいますが、どちらにせよ「～していなければ、◯◯できない」という思い込みが強いのです。

自分の見えているところや、注目しているところは完璧にしようと努力します。しかし、自分が注目していないところについては、まったく抜けていたり、完璧でも何

でもなかったりします。

その分野での失敗は苦にもせず、失敗とも認識していないことがあります。

「頭隠して尻隠さず」という諺《ことわざ》がありますが、まさに、全身を隠しているつもりで実際には頭しか隠れておらず、尻は丸見えのような状態です。

完璧主義は性格的なものだと思われていますが、それは誤解です。

完璧主義は、ひとつの思い込みに過ぎません。

全体を見ればちっとも完璧な人間ではないのに、「失敗できない。完璧でなければならない」と勝手に自分を縛っているのです。

そもそも世の中、完璧なことなどあるでしょうか？

何をするにしても、何を決断するにしても、完璧な状態なんてありません。失敗のリスクをゼロにすることもできません。

それであれば、完璧にすると考えるよりも、完璧でなくても決断して行動したほうがメリットはある、と気づくことが大切です。

ここでひとつ、完璧主義へのとらわれ、失敗の恐怖へのとらわれを、解除する方法をご紹介しましょう。

失敗や完璧主義にとらわれる傾向がある人は、今やろうとしている行動でのリスクやデメリットばかりを見てしまっています。

そこで、行動したらどういうメリットがあるかを、紙に書き出してみてください。

頭の中で考えるのではなく、手を動かし、視覚化するのです。

たくさんのメリット、そこから始まる可能性に目を向け、それをありありと思い浮かべてみてください。

そして、少しでもワクワクしたり、気分が高まったりしたら、「とりあえずやってみよう」と決めてください。決めるということは、行動において、重要なエネルギー源になります。

そして、今ここでできる小さなことを、10秒以内にやってみるのです。

完璧主義や失敗のとらわれを消すワーク

デメリットばかり考えてしまう

✕

失敗
したら…
リスクは
高いし…

メリットを書き出し視覚化する

ワーク

①メリット・可能性を考える

②紙に書いて、とりあえず
やってみる

○

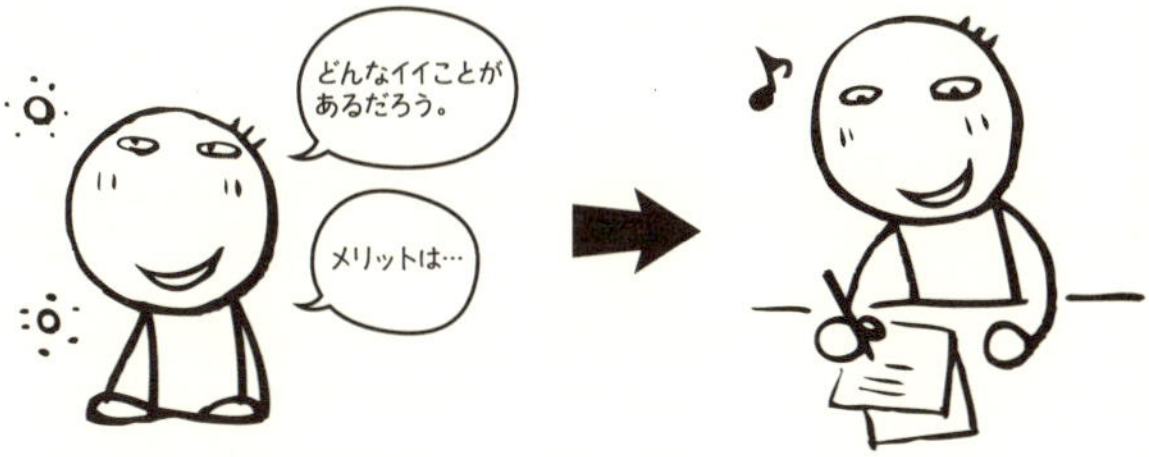
どんなイイことが
あるだろう。
メリットは…

なかなか決められない人は、不安をつくり出す癖がある

「決断して行動した結果、困ったことが起きたらどうしよう」

「うまくいかなかったらどうしよう」

「他人に迷惑をかけてしまったらどうしよう」

決められない人は、こうやって不安をつくり出す癖があります。

心配し始めればきりがありません。

しかし、**未来は「不安」と「可能性」の宝庫**です。起こってほしくないことや、嫌なことが起こる可能性も無限ならば、うまくいく可能性も無限なのです。

「不安だから、決められない」というのは、一見するともっともらしいのですが、決められないから不安をつくり出しているという場合もあります。

つまり、**不安の原因は「決めない」こと**だということもあるのです。

実際、不安や心配を断ち切り、決められる人がいます。

夜も眠れないくらい不安にさいなまれても、決断していく方もたくさんいます。むしろ、大きな決断をした人は必ずと言っていいほど、こんなことを言いませんか？

「不安がなかったかと言われたらウソになる」

企業の合併を決断した経営者や、前職の高い地位を投げ出して起業した方、今では大企業の創業者などは、皆不安を乗り越えて決断をしてきたのです。

不安であることは、決められない根拠ではありません。単に、自分で「決めない」ということを選択し、決めないから「不安」に陥っているのです。

悩んで決断できない方は、大概、思考の堂々巡りに陥ってしまいます。実は、堂々巡りするから決められないのではなく、決めないから堂々巡りするのです。

たとえば、狭い部屋の中にいて、ドアを閉じたまま「絶対に外出しない！」と決めたとしましょう。外に出ずに、それでも歩きたいと思ったら、部屋の中をぐるぐると歩き回るしかありません。

思考の堂々巡りはこれと同じことなのです。前進したいと思っていながら、**決断しないことを決断しているときに、思考の堂々巡り状態が出現する**のです。

なかなか決められない人は、「情報と解決策の鮮度」に無頓着

すぐに決断して行動に移さないと、情報の鮮度や解決策の鮮度が落ちるということがあります。

ある課題に直面したときに、情報を集め結論を出し、「これがベストな解決策だ！」と思ったとします。しかし、すぐに決断せず、行動にも移さなかったらどうなるでしょうか。

決断を先延ばしにしているうちに、ずいぶん時が経ってから、あらためて行動すべきか考える日が来るでしょう。

「あれ？　あのときはよさそうに思えたのに、今では全然ベストじゃないなあ。また考え直そう。ああ、あのときすぐに決断しなくてよかった」

そんなふうに考えてしまうかもしれません。

もちろん、先延ばししたことが賢明だったということもあるでしょう。しかし、もしも集めた情報も、辿り着いた解決策も新鮮なうちに決断し行動していたら、また別の展開もあり得たのではないでしょうか。行動を起こせば自分と環境が動き出します。必ず悪くなるとは決まっていないのです。

いつも決断をしないでいると、決断しない癖がついてしまいます。いつも決断せずに、後知恵で「やらなくてよかった」と思う癖がつくと、決断していれば得られたかもしれない成果や利益を永遠に得ることができなくなります。

つまり、**アイデアや浮かんだ思考は、今その瞬間がもっとも重要**なのです。

生鮮食品と同じで、その瞬間、日々、使える価値は下がっていきます。そこで大事なのが、決めることです。

使うか使わないか、を瞬間瞬間で判断します。使うと決めれば、すぐに行動します。使わないと決めれば、その思考やアイデアは手放してしまえばいいのです。

なかなか決められない人は、「誰かが決めてくれる」と勘違いしている

これまで、あらゆる決定を他人任せにしていて、うまくいってきたという方もいるでしょう。

もちろん、うまくいく場合もあるのです。それはサーフィンやヨットを楽しむように、時代や社会の波、風をうまく捉えている場合や、他人の意図が自分の意図に反していない場合です。流れに身を任せていてそれでよかったのならば、それはそれで結構なことです。

しかし、これからも必ずうまくいくでしょうか。大波が来たら流されたりさらわれたりしてしまうかもしれません。身をゆだねたつもりが、なんの波も風も起こらずどこへも辿り着かないかもしれません。

自らの意思を持たずに、時代や社会のレール、他人の意思に任せる人生。まったく

危なっかしいものです。

確かに、あなたが自らの意思を持たないのならば、時代や社会や他人の意思と衝突することはありません。しかし、まったく意思を持たずに生きるなどということができるでしょうか。容易ではありません。

あなたがあなたらしく生きたいと望み、他人に合わせるよりも、他人と協調しながらもあなたらしさを失わないように生きようとするならば、どこかで決断しなければなりません。

あなたの決断は、誰かほかの人が促してくれるわけではありません。誰かがあなたを救ってくれる保証はないのです。

大事なのは、**「自分で決める」という習慣**を持つことです。

何か2つの選択肢があって、どちらでもいいと思っているときもあるでしょう。そういうときでも、**「どちらでもいい」ではなく、「どちらかに決める」**のです。

「自らが意思決定をし、その責任を引き受ける」ということを日々意識していくことが大切になります。

なかなか決められない人は、外にばかり答えを求めている

信頼できる上司や先輩、同僚や友人に相談すると、親身になっていろんなことを助言してくれます。それぞれに一理あって、とても参考になります。また、世の中には良書がたくさんあり、一冊一冊が「これが決め手だ！」と主張して、様々なアドバイスを得られることでしょう。

周りの人にせよ、本や教材にせよ、自分の外側に解答を求めていくと、答えは無限に見つかります。どれが本当の答えなのか？　どれもが本物のように見えてしまい、優劣がつけられないかもしれません。

どうしたら、正解を見つけることができるのでしょうか？

信頼できる先輩でしょうか？　上司でしょうか？　メンターでしょうか？

どれかひとつを選ぼうにも決め手がありません。

そんなふうに感じてしまうのは、自分の外側の環境や他人の意見、本やメディアの情報に意識を向けてしまっているからです。「自分の外側にこそ答えがある」という思い込みにとらわれていると、結局は迷ってしまい、何も決められなくなってしまうのです。

大事なのはやはり、「自分で決める」ということです。どのアドバイスが正しいか、誰が正しいか、何をするのが正しいかではないのです。

そして、無数の回答の中から「これだ！」というものを見つけられるのは、自分の内側から湧き上がる「気持ち」しかありません。

自分の内側の声が「これだ！」と指し示すものこそ答えです。

そして、あなたが決めて行動すれば、結果があらわれます。**あなたが選択肢の中からひとつを決定して行動するまで、そもそも正解なんてない**のです。

だから、まずは決定して、行動すること。

もしもその決断が違ったなら、また軌道修正の決断をすればいいのです。

なかなか決められない人は、自分の気持ちに蓋をしている

前項の話を聞いて、

「その自分の気持ちがわからないから、迷ってるんだよ！」

と思う方もいらっしゃるかもしれません。

いつもまじめに仕事をしてきて、上司や仲間の意見を聞いてきた方の中には「自分の意見を言え！」とか「お前はどう思うんだ？」と問い詰められて、何とも答えられず悔しい思いをしたことのある方もいるはずです。

昔から「岡目八目」というように、他人のことはよくわかるものの、自分のこととなるとからっきしわからない、というのはよくあることです。

古代ギリシアでも、デルフォイの神殿に「汝自身を知れ」という格言が刻まれていたと言います。自分こそが一番わからないというのは、時を超えて誰にも共通するの

かもしれません。

本当は自分の気持ちに注意を向けなければならないのに、自分の気持ちに蓋《ふた》をしているのです。多くの人が、そのことに気づいていません。

では蓋を開けてみましょう。

まずはノートを用意してください。

何かに対する自分の意見がわからないときに、微細な自分の気持ちを書き出していき、それを見ながら自分の意見をまとめるということをしてみてください。

たとえば、上司から「この企画どう思う?」と聞かれたときに、「あ、よくわからない」と思ってしまったとします。これまでだったら「いいですね」とか、周りの反応を見ながら適当に答えていたかもしれません。その流れを断ち切りましょう。

一呼吸おいて「もっとよく聞かせてください」と企画内容を尋ねてください。資料があったらよく読み込んでみましょう。資料を読みながら、メモを取るのです。資料がなかったら話を聞きながらメモを取ってみてください。

わかったこともわからないことも、どんどんメモに書き出していきましょう。

「難しそうだ」「つまらない」「やってみたい」「若い人に受けそうだ」何でも構いません。感じたことを書き出します。そうすることで、自分の気持ちを確認できます。この作業をしてから、自分の意見をまとめてみるのです。

器用に何でも自分の意見を言える人もいますが、真似ることはありません。自分の気持ちや本音がわからなければ、意識的に言葉にしていき、ノートなどに書いて、「見える化」しましょう。

その言葉を見ながら考えをまとめてみればいいのです。それを続けていけば、自分の気持ちを少しずつ言葉にできるようになります。

「自分には意見がない」「わからない」「難しい」と、気持ちに蓋をしている状態では、物事を自分で決めることができません。蓋を外すために、自分の気持ちを書き出して、意見をまとめるようにしていきましょう。

自分の気持ちの蓋を開けるワーク

自分の気持ちや本音に蓋をしていると「本当はどうしたいか」が見えなくなる。意識的に言葉にすることで、自分の意見が言えるようになる

①本音や気持ちを
書き出してみる

②書き出した紙を
眺めてみる

気持ちの蓋を外せば、決められる

なかなか決められない人は、「決断を妨げる5大要素」に苦しんでいる

もし仮に、あなたが、なかなか決められない人であるならば、何があなたの決断を妨げているのでしょうか。多くの方にとって決断を妨げる要因は、大別すると次の5つの要素に分類できます。一つひとつ見ていきましょう。

1. 過去に対する執着
2. 未来に対する不安
3. 現在に対する無知
4. 他人に対する恐怖
5. 自分に対する不信

1. 過去に対する執着

私たちは、過ぎ去ったことに引きずられてしまいます。

「あのときは、うまくいかなかった」

「失敗して、痛い目にあった」

「昔から苦手だった」

「やってみたいけれど、過去に一度もやったことがないのでできない」

いちいちごもっともで、そのコメントには真実や事実も含まれているのでしょう。

しかし、これからの行動を妨げる根拠にはなりません。

かつてうまくいかなかったとしても、次もうまくいかないとは限りません。これからも失敗するとは限りませんし、かつての苦手が、これからの得意になる可能性も否定できません。やってみたことのないことほど、やってみなければわかりません。

2. 未来に対する不安

これから何が起こるか、すべて予知できる人などいるのでしょうか。いらっしゃるならば、ぜひご紹介いただきたいと思います。未来のことは、わからないからこそ面白いのです。同時に、未確定のことだからこそ「不安」も感じます。**「不安」とは「期待感」や「ワクワク感」と表裏一体**なのです。同じく未確定の事象に対して「ワクワク」しても構わないのに、「不安」に注目してしまうと決断できなくなってしまいます。

3．現在に対する無知

決断するためには、「今を知る」ことが重要です。

三国志の時代、蜀の国の軍師・諸葛孔明が活躍できたのは、天と地と人の利を見極めていたからと言われています。事前に情報収集を欠かすことなく行い、現状認識に長けていたから、常に戦術を提案することができたのです。

現在起きていること、環境やほかの人の動きを理解していないと、決断はできません。そのことに無自覚な人であっても、いざ決めなければいけない立場になってあたりを見回すと、

「現場のことも、今どうなっているかも全然わかっていない！」

と愕然として、パニックに陥ります。これは、むしろ当たり前です。現状を何も把

握していなくて、決断できるとしたら、それは無謀というものです。

4．他人に対する恐怖

「すべての悩みは、対人関係の悩みである」と心理学者のアルフレッド・アドラーは言いました。他人に対する様々な思いが、決断を鈍らせることがあります。

他人に対する思いの中でも特に多いのが、以下の5つの恐怖です。

・他人に嫌われる恐怖
・他人に笑われる恐怖
・他人に非難される恐怖
・他人に白い目で見られる恐怖
・他人に陰口をたたかれる恐怖

特に日本人は、村社会で生きている感覚が強いので、他人からの批判を恐れる傾向が強いものです。気にし始めると、自分の意見を殺したり、思考がフリーズしたり、決断できなくなったりします。

シリーズ180万部（世界累計360万部）にもなったベストセラー『嫌われる勇気』（岸見一郎・古賀史健著　ダイヤモンド社刊）には、個人を大切にするためにも「嫌われる勇気」を持つことの重要性が説かれています。

一人ひとり違っていていいのです。他人が嫌う自由もあれば、自分が自由に決断し行動する自由もあるのです。

笑う自由もあれば、笑われることもあるでしょう。非難されることもあるでしょう。価値観が違えば白い目で見られたり、行動が裏目に出て陰口をたたかれたりすることもあるでしょう。

でも、誰が何を感じ、何を思うかは自由です。それはあなたも同じ。人の目を気にしすぎる必要はないのです。

5．自分に対する不信

信頼できる人の言うことは、聞く気になります。そして命令を受けたら、やろうかなという気になります。やろうと決めたら実行するでしょう。

一方、自分が行動しようと決めるというのは、自分が自分に命令するのと同じことです。命令する人と実行する人が、ともに自分であるという状態です。

もしも、実行する自分が、命令する自分を信頼できなかったらどうなるでしょうか。信頼できない自分の決断など、まともに受け止めるはずがありません。

自分を信頼できない人、自信のない人が、なかなか決められないのは当然です。自信がないのに決めろと言われている状況そのものが、とても苦しいはずです。

まずは自分自身に対して、ウソをつかずに言ったことを実行することです。自分自身が信頼できる人になることから始めましょう。

以上が決断を阻害する5つの要素です。この章で見てきたことはすべて、この5つに内包されています。

それでは次章から、「すぐ決められる人」の思考法とその秘密を見ていきましょう。

第2章

決められる人の14の思考法(学ぶ)

Learn

決められる人は、どんな考え方をしているのか？

第1章では、なかなか決められない人の共通点とその結果どうなってしまうのか、を見てきました。もちろん人によって状況は異なりますが、様々な要因が重なり合って、決断を難しくしていることがわかります。

本章では、「決められる人」は、一体どんな考え方をしているのかを探っていきたいと思います。

「決められる人」と言っても、生まれつき「決められる人」と「なかなか決められない人」がいるわけではありません。

本章で紹介する思考法を身につけていくと、自然に「決められる」というだけの話です。

私は、夢実現応援家として、様々な人と接しています。誰もが「なかなか決められない」という状況にぶつかるものです。どんなに上り調子の人でも、新しい挑戦だったり、状況が変化し思いもかけない事態が出現したりすれば、躊躇《ちゅうちょ》せざるを得ません。

しかし、思いを語り、わだかまりを解きほぐし、ありたい姿を見つめ直していきながら、以下に述べていくことを実践していくと、誰もが「決められる」ようになっていきます。

「やる気の素」を明確にし、心が動けば「決められる」のです。

原体験から生み出す決断力

あなたが決めれば、あとは行動するだけです。決めれば、すぐに行動できるのです。

経営者専門のコーチである椎名美智子さん（株式会社シーナビジネスコンサルティング）にお話を聴いたことがあります。

美智子さんの人生における決断を見てみると、ご自身の原体験に基づいていることがわかりました。

幼少期にお祖父様の介護を親戚の皆さんが愛情を持って行っていたのを見たという

原体験を活かして、介護スクールを成功させました。

介護スクールは法律の改正など、環境の変化により事業を終えることになったそうですが、間髪入れずにコーチングを学ばれます。実はホテルを経営するお父様の姿を見て、経営者の孤独と苦労を支えたいという情熱があったそうです。

現在では、お父様と同じように頑張っている経営者を応援したいという情熱を持って、経営者のコーチングを仕事にされています。原体験は、仕事人生の鍵となっており、同時に愛情の連鎖の大本になっているのがよくわかりました。

ここから決断に関する5つの教訓を引き出すとするならば、

1. 原体験を思い出す
2. 自分基準の幸せと「情熱の素」を明確にする
3. 心が動き出し、チャンスに気づく
4. 決断する
5. 行動する

この5つのステップを順当に踏むことができれば、自然と決断できるのだということでした。原体験を大事にせず、自分基準の幸せも「情熱の素」も明確にせず、チャンスも来ていない段階で決断しようとしても無理な話なのです。

心が動かず決断できない場合、5つのステップを踏んでおらず、今が時機ではないという可能性もあります。

そんなときには無理をしないで、着々と5つのステップを踏んでいけばいいのです。もしもそれでも決断したいならばすればいいのです。自分の心がそれだけ動いていたら、それは時機が来たのだということだからです。

決められる人になるには、心を開いて、可能性を受け入れることが大事です。視野を狭くしてしまうと、可能性が閉じられてしまい、時機が来ていることにも気づけません。

椎名美智子さんの言う「情熱の素」、つまり「やる気の素」を明確にしたら、心を開き、今できることをしっかりとやっていくことが決断の秘訣なのです。

決められる人は、決断のスピードが仕事のスピードと知っている

仕事をスイスイ進めてしまう人は、判断や決断が速いという特徴があります。

多くの人が決められずに悩んでいるのを横目に、どんどん意思決定し、テンポよく仕事を進めていきます。

どうしてこんなに意思決定が速いのか？

決められる人は、速く決めることで仕事のテンポがよくなることを知っています。

つまり、決断のスピードが仕事のスピードにつながる、ということが身に染みてわかっているのです。

時間は「どうしようか」と迷っている今その瞬間に過ぎてしまいます。

迷っている間に、仕事に対する意欲や気分が停滞し、ほかの仕事にも影響を及ぼします。さっさと「やる！」と決めて取りかかってしまえば、仕事に弾みがつき、テキ

パキとこなしていけば、気分が上がり、その気分が仕事のリズムを生み出します。

たとえば2週間後にお客様へのプレゼンテーションが決まったとします。

まず何を提案するかを決めて、詳細を決め込んでからでないとプレゼンテーションはできないと考えて、気が重くなってしまったとします。すると、提案内容を考えながら時が経ってしまいます。そのうちに期日が迫り、慌てて準備をしてなんとか当日をやり過ごす。なんてことになるかもしれません。

しかし、気分を高めて「すぐにやろう！」と決めるだけで、まったく展開が変わります。たとえば、何を提案するかわからなくても、プレゼンテーション当日にどんな雰囲気で行うべきか、お客様の反応はどうあってほしいか、どんな成果を得たいのか、さっさと想像してしまうのです。

事後の姿をありありと思い描き、そのためにできることを、メモにバンバン書き出します。いくつもやることが見つかって、一つひとつ取り組んでいくうちにリズムが生まれます。行動をし始めると、たとえば上司がそれを見てアドバイスをくれたり、同僚の言葉の中にヒントやアイデアを見つけたりするかもしれません。

全体像をさっさと確認して、準備を始めてしまうのです。そうすれば、逆算的に提案内容が決まり、ぽんぽんと話が進んでいきます。

また、全体像を確認したら、人に話すのも有効です。

お客様との接点を探している場合などは、ホームページなどで連絡先を探して、電話をするということのもすぐにできることです。

もしも、メールや電話をしても埒《らち》があかなかったら、いろんな人にその構想を話すというのもいいでしょう。

誰かがそのお客様とつながっている可能性があります。自分の望みを語るだけで現実は変化を起こし始めます。

決めると、行動が生まれる。

仕事のスピードは決めるスピードに比例するのです。

「決めて、行動する。決めて、行動する……」を続けると、仕事にリズムが生まれます。

新しいリズムを生み出すためにも、まずは決めることです。

そのためには気分を上げることも重要になります。

ひとつの仕事の気分が、次に行う仕事に影響を与えるということは、あなたも経験のあることでしょう。うまくいった日に、そのほかの仕事も快調にこなすことができたことがあるはずです。

逆に、失敗を引きずるという場合もあります。

いい気分のときに、テンポよく決断していけば、いい気分が持続します。

いい気分は、リラックスしながら視野を広く、かつ集中して仕事をさせてくれます。

何かあるたびにいちいち立ち止まりギクシャクしていると、すぐに気分が停滞します。そこからもう一度やる気に満ちた状態まで、気分を上げるには時間が必要です。

その時間はもったいないと思います。

テンポよく仕事をするために、さっさと決断していきましょう。

決められる人は、「決めないことが機会損失になる」と知っている

いつまでも決められないでいると、チャンスを逃します。

逆に、決めることができれば、チャンスを逃さずにつかむことができます。

たとえば、ある営業パーソンが当日のアポイントを土壇場でキャンセルされたとします。急に時間ができてしまい、別の重要な取引先を訪問しようか、すまいかと考えていたとします。

どうしようかと考えながら行動を決断しないままでいると、雑務の処理などに時間を費やし、いつの間にか夕方になり、「もう面倒くさいから、やめた」「もう考えてもしょうがないから」と結局あきらめてしまうことになりかねません。

せっかく時間ができたというのに、その日一日がさほど生産的でない一日になってしまいます。

もっと早く「訪問しない」と決めていたら、その日は、もっと有意義な別の仕事に取り組むことができたでしょう。

もっと早く「訪問する」と決めていたら、さっさと会社を出て取引先と商談ができていたに違いありません。その日に、担当者が不在であっても、ちょうどキーパーソンと会えるタイミングであっても、連絡を入れた時点で気づくことができます。

その日の夕方になってからようやく「あとわずかな時間でも顔を出そう」などと決めているようでは、担当者に会うチャンスも、その日を別の仕事に費やせる可能性も無駄になり、チャンスを逃してしまいます。

すぐ決めることができれば、チャンスを待つだけでなく、生み出すこともできます。

決めるということは、どこに進むのか、という方向性が定まるということです。方向性さえ決まれば、それに向けた行動をすることができます。

たとえば、会社を辞めて独立しようと決めたら、すぐに新たな行動を開始できます。異業種交流会に参加することで、独立後の人脈づくりのチャンスを生み出すこともできます。古くからつきあいのある友人に会って、意見交換しながら、ビジネスに役立つヒントをもらうこともできます。

ところが、独立しようかどうしようかと迷っているだけで決断していなければ、肚《はら》も据《す》わらず、異業種交流会があっても参加すべきかどうか迷います。古くからの友人とも忙しがって会わないかもしれません。新しいチャンスやヒントを全部逃しながら暮らしていくことになります。

決めることによって、有意義な行動ができるようになります。

それによって、チャンスを自らつくり出すことができるのです。

十分に検討し、勝算があり、あとは決断してスタートするだけだというときに、すぐに決断できれば、「機会損失」を最小化することができます。

「わかっているのに、決めない、やらない、続けない」というのが一番もったいないのです。

決められる人は、論理的思考だけでなく、直感も重視する

人間の能力は数え上げればたくさんありますが、「決断力」に関して言うと、直感と論理という2つの機能が最も重要になります。

その決断のプロセスは、「直感に始まり、論理を経由して最後に直感を信じて決断にいたる」というものです。

「直感→論理→直感」

最初に、アイデアがあります。「転職しようかな」「将来、独立起業したい」「バンドを始めたい」「講師になりたい」「コーチになりたい」「海外でビジネスがしたい」。

これらの発想は、潜在意識に蓄積された様々な思いが形をとって、顕在意識に浮上し

たときにあらわれます。

突発的なアイデアの出現は、「ひらめき」や「直感」と呼ばれたりします。

直感はそのままでは、まだ実行に移されるかどうかわかりません。

そこで、論理が出てきます。

「どうしてやりたいのか（理由）」

「どうやったら実現するのか（手段・方法）」

「他人に理解してもらうためにはどう説明したらいいのか（説明）」

など、論理によってもともとの直感が検証されます。

検証を受けたアイデアを実行に移そうという気持ちが高まったときに決断をします。**決断する根拠は、論理をベースにした直感**です。直感が、論理を踏まえて、「これでよし」と太鼓判を押すのです。

たとえば、新商品の開発計画を提案する場面を想定してみてください。開発担当者は、商品のイメージを思い描き、それを提案書にまとめて開発会議にかけます。

開発担当者は、様々なリサーチを重ねて商品のアイデアを生み出すわけですが、そのアイデアこそ直感によって生まれます。

直感によって生まれたアイデアを形にして、製品としてのイメージをまとめ上げるのが開発担当者の仕事です。まとめ上げるプロセスで「論理」が駆使されます。

その後、開発担当者はプレゼンテーションを行って、開発権限を持つ責任者が判断をします。

責任者が、製品化について許可するのは、総合的な情報に基づいた判断によります。この「判断」が直感です。

もしも責任者が「なぜ製品化を許可したのか？」と尋ねられたら、開発担当者のプレゼンテーションで語られた内容と自分の考えを合わせて説明するでしょう。その「説明」こそが「論理」です。

そして、その製品が世に出るときに、開発の背景や製品の特徴、そして市場におけるインパクトや想定されるお客様の反応などが「論理」によって説明されます。

直感を得て、それを論理で補強し、直感で得た内容を決断する。これが決断のプロセスです。

直感から論理へ、そして直感へ、という流れです。どんなに論理的に導かれた構想であっても、その原点には直感によるアイデアがあります。

だから、ロジカルシンキングが大事だと言っても、論理だけでは決断できません。

そもそも直感がなければ、決断すべきアイデアを得ることもできないのです。

そして論理的に検証されて「さあ決断！」となったらやはり頼るべきは、自分の直感なのです。

組織においても同じことです。様々なデータをもとに判断をする。その判断は直感に基づくものです。

スティーブ・ジョブズがiPhoneやiPadをヒットさせたのも、ダイソンがサイクロン型掃除機をヒットさせたのも、直感的に把握されたコンセプトを具体化した結果です。論理は具体化するために貢献し、直感を補強しているのです。

直感とは、非論理的なものですが、**論理に裏づけられた非論理性が決断には必要な**のです。

決められる人は、「時間をかけて決断しても、今すぐ決断しても、結果はほとんど変わらない」と知っている

「しっかりと検討してから決めます」

「ちょっとお時間をください」

決断を迫られたときに、そのように返答してしまうことがありませんか？

考える時間を確保するのは、一見するととても慎重で、堅実な態度に見えます。

しかし、時間を得た割には、直感的に感じ取った結論を追認するだけだったということがあるのです。または、忙しくして考える時間をつくれず、最初に浮かんだ結論を結局伝えただけだった、ということもあるでしょう。

すでに述べた通り、決断のプロセスは、「直感→論理→直感」です。直感の間に挟まった論理は、最初の直感を説明するためのプロセスであることが多いのです。

反論や異論を取り込み、新たな直感を得ることができなければ、そのようになって

しまうのはやむを得ません。

決断前のシミュレーションが重要

では、間に挟まれた「論理」はどのように使ったらいいのでしょうか。

その答えが「シミュレーションをする」こと。起こり得る展開を予測し、あらかじめ想像上の体験をしてしまうのです。

・決断をしたらどのような展開になるのか
・利害関係者はどのように反応し、どう行動するのか

起こり得るパターンを列挙して、それぞれについて検討するのです。

シミュレーションするパターンを大まかに分ければ、

「最善のパターン」

「最悪のパターン」

「中間のパターン」

の3つになります。その3つを想像上で体験してみると、その決断がよいのか悪いのかを体で感じることができます。そうすれば、直感的に「これで行こう！」とか「いや、これじゃダメだ」と判断することができます。

このようなシミュレーションをしなければ、最初の直感で答えを出しても、じっくり考えたつもりで答えを出しても、結局は同じことになります。

シミュレーションする上で注意すべきことは、**「結果」とは、実は途中経過の一断面に過ぎない**ということです。プロセス上の通過点に過ぎないということです。

「人間万事塞翁が馬」という言葉があります。

決断も、それがよいのか悪いのかは、短期では決めることができません。短期的に最悪の決断でも長期的に見たときに最良の決断である可能性は否定できません。

ひとつの結果が生じれば、それがまた原因となり、次なる結果を導きます。結果が結果を生み、結果が連鎖していきます。

人生は結果の集成であると言えるほど、日々、小さな結果の連続です。一つひとつの結果にこだわりすぎる必要はありません。

決められる人は、リラックスして直感で決めている

決められる人は、直感を大切にします。

直感とは、心をオープンにしているとやってくるひらめきのようなものです。直感とは自ら生み出すものではないですが、かといって「自分という視座」がなければやってくることはないものだと言えます。

機械にはひらめきはあり得ません。人間が、様々な情報の組み合わせの中から、まさに天啓のようにしてひらめきを生み出せるのは、不思議というほかありません。

エジソンは、

「天才は1％のひらめきと99％の汗」

(Genius is one percent inspiration and 99 percent perspiration.)

と言ったと伝えられていますが、「99％の努力（汗＝perspiration）も、1％のひら

めき（inspiration）がなければ何の役にも立たない」という趣旨の言葉なのだと最近では言われています。

天才とは言わずとも、すぐ決められる人は、直感を大切にしているのです。

直感を大切にしているからこそ、必要以上に不安になったり、考えすぎて動けなくなったりすることがありません。「案ずるより産むが易し」を地で行くように、直感を得たら、それを確認しようとして行動を開始します。

実は、不安というものは、決断し行動してしまえば消えてしまうものです。少なくとも同じ不安にずっとつきまとわれるということはありません。

不安の原因の詳細は、刻一刻と変化しているのです。行動すれば、不安の成立条件自体が変わってしまうので、まったく同一の不安にさいなまれ続けるということはないのです。

ビジネスの現場において、直感を利用するためにはどうしたらいいでしょうか。第一にリラックスすることです。

気持ちをリラックスさせるためには、体のストレッチをしたり、軽く運動したりして、力を抜くということをしてみてください。

筋弛緩法というテクニックもあります。

全身に思いっきり力を入れてから、力を抜くと、すぐにリラックスすることができます。

人前で話すときなど緊張してしまって何も話せなくなってしまうという方もいます。その場合は、ちょっとその場で足踏みなどをして、緊張をほぐすようにしましょう。リラックスしたところに直感は得られます。直感が得られるようになると、シンクロニシティにも気づくようになり、世界があなたに味方をするような感覚を持つことでしょう。

自分の直感を信じられるようになると、幸せな感覚を味わうことになり、意識と視野が開いて、さらに自分にとって様々な有益な情報を集めることができるようになります。すると、より一層決断しやすくなるのです。

リラックス＆筋弛緩法のワーク

直感力を高めるために大切なのはリラックスすること。
ストレッチや筋弛緩法をやってみよう

【ストレッチ】

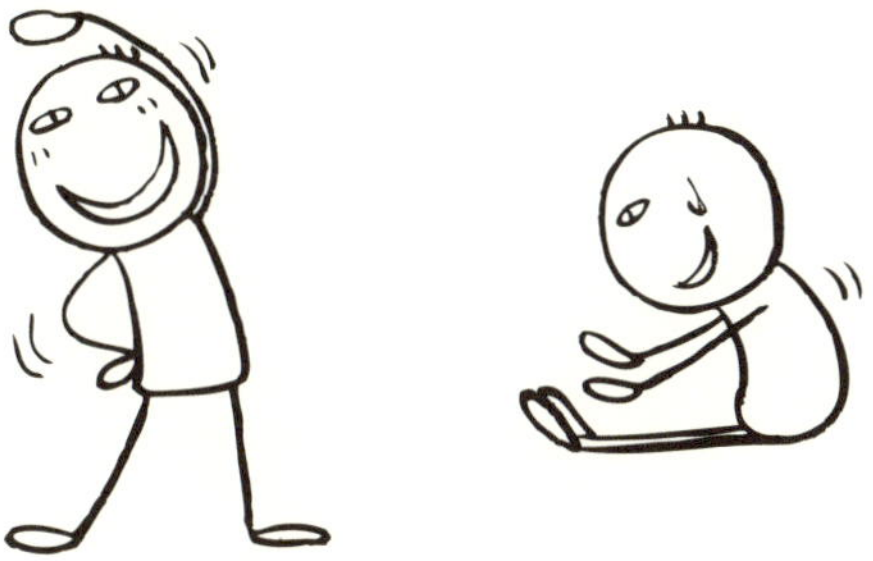

筋肉をゆるめてほぐす

【筋弛緩法】

① 力を入れる　　② ゆるめる

直感力はリラックスしているとき高まる!

決められる人は、決断を繰り返すことで自信を高めている

すぐに決断して行動していくと、「**自己決定感**」が高まります。

自ら決めて、自ら実行する。結果を検証し、改善し、対策を打つ。それを繰り返していくと、すべてを自分で決定しているので、他人に操られているとか、言いなりになっているという感覚がなくなります。

「自己決定感が失われると『無力感』や『喪失感』を覚えるようになり、何もできなくなってしまう」

スタンフォード大学で社会心理学の博士となり、コロンビア大学ビジネススクールの教授を務めるシーナ・アイエンガーさんも著書『選択の科学』（櫻井祐子訳　文春文庫）の中で書かれています。

いつまでも決めないでぐずぐずしていると、次第に自分が嫌になってしまうのです。

もしも自分が嫌にならないという方がいたら、それは「しない」という決断をしているのであって、ぐずぐずしていることに変わりはないでしょう。その場合は、その問題を手放してしまったほうがいいでしょう。

自らの決定とその反応を体感し続けると、「自己肯定感」が高まります。

決めるということは、自分の判断を肯定することです。自分の感覚を信じられることです。つまり、**自分の意思決定に「自信」が生まれてくる**のです。

巻いてペン状にしたセロファンから特殊なインクを絞り出して模様や絵を描くスクィーズ・アートの考案者、「栗清さん」こと和田清香さんは、

「アートは、肯定の連続です」

とおっしゃっていました。

アーティストは自己肯定感がなければ務まらない職業です。

もともとアートという言葉には「手仕事」といったニュアンスがあります。画家、彫刻家、歌い手、演奏家、作曲家、映像作家、小説家、詩人など、ものすごい葛藤の中、自分の表現を確定させていくことで、作品をつくります。

できた作品に不安を感じるかもしれませんが、それでも筆の動きの一本一本、歌声の一つひとつ、音符の一つひとつ、彫刻刀の一削り一削りを肯定しながら進めざるを得ないのです。

肯定できなければ一歩も前に進めません。

アーティストが作品を制作する人であるならば、私たちは誰もがアーティストです。仕事があなたの作品でもあり、人生そのものがあなたの作品です。

私たちがどんどん決断していけば、自分の判断や感覚が次々と肯定されていきます。その連続が、自己肯定感を高めていくのです。自己肯定感が高まるということは、自分が好きになれるということですから、幸福感が上がります。

自己肯定感が高まると、自己信頼感が高まります。そして、自信に満ちて仕事に取り組めば、否が応でも「やる気」が高まり、やる気と行動の好循環が生まれるのです。「自己決定感」と「自己肯定感」と「自己信頼感」という3つの自信が揃って高まれば、どんな行動でも起こせます。

決められる人は、常に全体を俯瞰する癖をつけている

かつて、急いで決めてしまって失敗したとか、苦い経験をしたという方もいます。

それは、情報が少なかったり、関係者について配慮していなかったり、自己中心的であったり、他人と比べて自分の力不足であったりしたからかもしれません。

表面的な理由は様々であっても、視野が狭まり、課題とそれを取り巻く全体の状況について十分に把握していなければ、間違った決断をしてしまいます。

決断が失敗にならないようにするには、普段から**視野を広げる訓練**をする必要があります。

「視野って、どうやって広げるんだ？」

と思った人もいるかもしれません。

視野を広げるとは、見える範囲、気づける範囲を広くすることです。

顔の前についている2つの目。その目の届く範囲が視野です。これを広げるにはどうすればいいのでしょうか。

自分が移動すればいいのです。

たとえば、近日中に絶対に失敗したくない商談があるとします。自社は、自分と部長の2人。先方は、取締役と担当の部長と担当者の3人。合計5人で商談する予定だとします。

なんとしてでも成功させようと、資料を準備したり、話す内容を確認したりすることは大いに結構です。しかし、考えれば考えるほど迷路に迷い込んだかのように思えてしまう。

そんなときに、先方の取締役はどう感じるだろうか、部長はどうか、担当者はどうかと、順番に一人ひとりの立場に立って商談の場を想像してみるのです。

これを「**視座の転換**」と言います。

実際にイスを5つ用意して、商談の場で座りそうな位置に並べてみます。そして、一人ひとりの座席に座って、その場がどのように見えるのか、先方から自分の姿はどう見えるのか、どう見えたらいいのか、を味わっていきます。

そうすると、表情や姿勢、話し方などどうすればいいかが見えてきます。自分の説明が自社の部長にどう見えるだろうか、どのように振る舞えば部長にも満足してもらえるだろうかということも、部長の席に座ってみれば味わうことができます。

自分が移動して、他人のいる位置に身を置いて味わってみると、状況がつかめるので、それに相応《ふさわ》しい決断をすることができます。

他人の視座に立てば、そこから見える風景が自分にも見えてきます。上司の視座、お客様の視座、家族の一員の視座など、いくつもの視座を体験してみると、視野が拡大していきます。

全体を俯瞰する「視座の転換」のテクニック

視座の中でも、特に忘れてはならないのは、**全体を俯瞰《ふかん》する視座**です。状況全体を把握したり、人間関係の全体を把握したりできます。

想像上の視座ですが、全体俯瞰の視座に立つことができると、より一層正確な判断ができるようになります。

先ほどの商談の例で言えば、ちょうど商談の風景を天井から見下ろすようなものです。一人ひとりの言動を俯瞰してみて、相互にどのような感情や思考がやりとりされているのかを把握します。

そうすることで、自分がどのように振る舞えばいいのかが見えてきます。その上で下された決断には迷いがなくなります。

バスケットボールなどの団体球技では、作戦ボード（コートを模した枠線の描かれたホワイトボード）を使って、選手の動きをシミュレーションしたり、作戦を立てたり、練習メニューの説明に使ったりします。

あの作戦ボードを使ったやりとりは、全体俯瞰の視座に立っています。全体を俯瞰して最善の策を探るのに適した視座です。

自分の視座をはじめとして他人の視座や全体俯瞰の視座を往復しながら全体として視野を広げていきます。自分の視座からは情熱を、それ以外の視座からは冷静さを自らに取り入れることで、総合的な判断が可能になり、決断への準備を整えることができます。

全体を俯瞰する

俯瞰して見られない場合

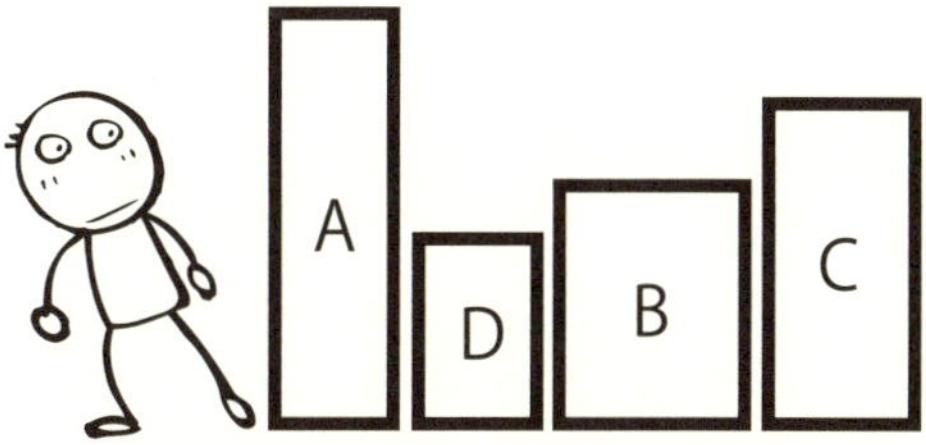

一面から見るだけでは決められない……

俯瞰した場合

上から見えると、決めやすくなる

決められる人は、「自分のやる気の素」を知っている

「敵を知り、己を知れば百戦百勝」

兵法の古典『孫子』にある有名な言葉です。

敵を知り、己を知る。戦う相手を知るだけでもダメ、自分を知るだけでもダメ。敵も己もともによく知り、理解すれば負けることはないという意味です。

戦についての言葉ですが、「決断」についてもあてはまります。

決断するためには、環境や状況のみならず、自分のことがわかっていないといけません。特に、自分の気持ちは重要です。

どんなに有利な状況や環境の条件が整っていたとしても、自分の内からやる気が湧き上がってこないようであれば、それは本気でやりたいことではないのです。そうい

う場合は、行動する必要はありません。

行動するために一番大事なのは、自分のやる気なのです。

自分の気持ちを支えているのが「やる気の素」です。

それはわかりやすく表現するなら、**「譲れない価値観」**と**「心躍る未来像」**です。

自分を行動へとかき立てる動因です。

「譲れない価値観」とは、どうしても大事にしていきたいと思うあなたの大事な価値観です。それが否定されたり、奪われたりしたら、生きる気力が失われてしまうくらい大切にしているものです。

「心躍る未来像」とは、自分のありたい姿です。どんなところで誰と何をどのようにしていたいかが、目の前で展開しているかのような実感を持てる未来です。

これらの「やる気の素」を理解して、常に意識している人はすぐに決められます。ふと忘れていたり、迷っていたりしても、いつでも立ち戻るべき生命力の原点だからです。

決められる人は、気分のコントロールがうまい

行動しようとしても、どうしても決めることができず、動けないことがあります。そんなときは、現在・過去・未来に「とらわれていないかどうか」を確認してみましょう。

不安や恐怖は、思考を停止させ、決断を鈍らせます。

たとえば、経済状況や業界を取り巻く状況、自社の現況を知れば知るほど、逆風が吹き荒れていることがわかり、怖じ気づいてしまうこともあるでしょう。

不利な状況だと認識すると、不利なことに注意が集中します。そのうち、不利な情報が引き寄せられるように集まってしまう。こうなると、前向きな決断ができなくなります。

また、現状はどうあっても、過去の失敗や辛い体験が忘れられず、いつもそのこと

に心を奪われてしまうという場合も危険です。

一度あることは、二度ある。二度あることは三度ある。三度あったら、永遠に続く。そんなふうに、まるで運命が決まっているかのように過去の失敗を捉えてしまうと、抜け出せないかのように思えてきて、前向きな決断ができなくなってしまいます。

世の中には無数の未来予測本があります。

その数だけ未来はあるのです。実際には、なってみなければわからないことばかりであり、大方の予測は外れるものなのに、自分の思い描いた暗黒の未来に縛られてしまうと、本当にそんな未来を引き寄せてしまいます。

気分が落ちていると、制約にばかり目が行く

現在の不利な状況、過去の失敗、暗黒の未来。そういった前進を妨げる想念が頭を支配すると、気分が暗くなり、前向きなエネルギーを枯渇《こかつ》させてしまいます。

むしろ、気分が暗いからこそ、そのような情報を見つけてしまい、同じように後ろ向きの世界観にとらわれてしまうのです。「幽霊の正体見たり枯れ尾花」という俳句

がありますが、気分を「怖い、怖い」という恐怖に合わせていけば、枯れ尾花に過ぎないものも「幽霊」に見えてしまうのです。

現在の不利と見える状況も過去の失敗も暗黒に見える未来も、あなたの気分が落ち込めば落ち込むほど、大きくなって迫ってきます。

気分を上げることで、本来の自分に立ち戻れるのです。

昔の人は、この世を陰陽の変化として捉えました。陰もあれば、陽もある。どちらもあるのです。

気分は世界の見え方を支配しています。気分が落ちれば陰にしか目が行かず、ネガティブな現実が見えてきます。反対に、気分が上がれば、陽に目が行き、ポジティブな現実が見えてきます。

この世は、量子物理学が極微の世界で明らかにしたように、観察者の想念によって変化するものなのです。だからこそ、気分のコントロール方法を身につけておきたいのです。

気分は、自分の自由にならないものではなく、コントロールできるのです。ここで気分の原則を、5つの原則としてあらためて整理しておきましょう。

気分の5原則

1. 気分は変えられる
2. 感情表現の3要素（表情・動作・言葉）で気分は変えられる
3. 思い出すだけで気分は変えられる
4. 思い描くだけでも気分は変えられる
5. 環境を変えるだけで気分は変えられる

この5原則を理解して、いつでも気分をコントロールしていきましょう。そうすることによって、あなたはいつでもポジティブな現実を発見することができます。窮地にあってもチャンスを、不利な状況にあっても打開の方法を見つけることができます。

気分のコントロール法は拙著『結局、「すぐやる人」がすべてを手に入れる』も参考にしてください。

決められる人は、自分の中に「決断する条件」を持っている

決められるということは、自分の心が「決めてもいい」と思えているということです。「決断できる！」と判断しているのです。それは納得するとか、覚悟を決められるとか、決めたいとかという状態です。

では、どんなことがあったら、「決めてもいい」と思えるのでしょうか。

私たちには、意識するとしないとに関わらず「決めていい」と思えるための必要条件があるのです。必要条件がどういったものか意識できていなくても、必要条件が満たされていなければ、決められません。どうしても感覚として、

「決められないなあ……」

と思ってしまうのです。

もしも条件が揃っていたら、

「やってもいいんじゃないかな」
「いいね！」
などと感じるはずなのです。それでも決められないとしたら、必要条件は満たされているけれども、もう一声欲しいということです。つまり十分条件が満たされていないということなのです。

たとえば、新規顧客の開拓を命じられていて、テレホン・アポイントと最初の訪問を繰り返しているとします。少しでも商談につながる見込みがあれば、上司に報告し、同行訪問を依頼したり助言を求めたりしなければなりません。

決められる人は、上司への報告や同行依頼をする基準が明確です。

商談につながると考えられるポイントを押さえています。決断の条件が明確なので、迷うことなく報告することができます。

条件があやふやだと、高すぎる基準を設けて確度の高いお客様しか報告できず、報告件数が少なすぎて叱責《しっせき》を受けてしまうかもしれません。または、「もっと同行訪問件数を上げろ」という命令に動揺し、基準外のお客様への同行訪問を上司にたくさん依頼してしまったりすると、組織として無駄な動きを生んでしまいます。

この例で言えば、あなたが上司に同行依頼できるようなお客様がいないと感じているとするなら、それは同行依頼の必要条件が満たされていないのです。

「決断できない……」

「できそうにない……」

あなたがそう感じているとしたら、それは条件が満たされていないということです。条件が満たされていないなら、同行依頼をする必要はありません。報告だけをしておけばいいでしょう。

必要条件が十分満たされていないのであれば、対応は2つしかありません。条件不十分として、潔く却下する。つまり、「決めない」または「取り組まない」という決断をする。

もうひとつは、必要条件を十分満たすように、条件を補う。満たされたら、晴れて決めればいいのです。

決められないからといって、自分を責めることはやめましょう。それよりも、条件を確認し、却下するか、条件を満たすための行動をしましょう。実はシンプルなのです。

決められる人は、リスクを受け入れて決断している

決められる人は、この世の中にはリスクしかないと思っています。だからこそ、リスクをとって決断をしていけるのです。

進むもリスク、留まるもリスク、退くもリスク。しかしそのリスクとは、言い換えれば変化です。

何かすれば必ず自分と環境は変化するのであって、現状を抜け出すためには、変化を起こさなければならない。だからこそリスクを取って決断するのです。

すべてがリスクなのですから、撤退も選択肢のひとつであることを知っています。戦略的に撤退することもいといません。

アルピニストの野口健さんは１９９８年にエベレスト登頂に挑戦したときのことをこんなふうに語っています。

「1998年のエベレスト挑戦では山頂まで標高差で残り300メートルまで迫っていた。しかし、山頂直下でまさかの天候急変、猛吹雪となる。強風に吹き飛ばされないよう岩陰にしゃがみ「進む」か「退く」かその判断を迫られた。顔面は凍りつき、体温が低下していく中で、登頂しなければならないというプレッシャーもあったが、最後は『死にたくない』だった」

（産経新聞　2016年10月20日　朝刊「野口健の直球&曲球」）

野口さんは、山頂まであとわずかというところで撤退を決意されました。そのために無傷で帰還できたそうです。同じときにひとりで山頂まで登った仲間の方は、遭難した上に「手足の指の大半が凍傷により壊死していた」そうです。帰国後は、「2回連続の登頂失敗」と批判されたそうですが、野口さんの決断は、無傷の帰還につながりました。

すぐ決められる人は、どんな決断もリスクがあると覚悟し、他人からの評価ではなく、己の課題と向き合い一期一会の決断を下していくのです。

決められる人は、「自分に騙される勇気」を持っている

世の中の出来事のすべてを、コントロールできるなどと考えている人はいないでしょう。しかし、きまじめな人は、自分の身の回りのことについてコントロールしなければと考え、ついつい何でも自分のせいにしてしまいます。

成功したときも失敗したときも自分のせいだ、と思うのは悪くないように見えます。

また、そのように考えることで「心の平安を得よ」と教える人もいます。

しかし、実際には、本人の力の及ばぬことのほうが多いものです。

成功にしても、本人の努力もさることながら、運も大きく作用します。時流に乗って成功した、という方がいたとしたら、その時流は誰がつくったのでしょうか。

きっと本人ではありません。サーフィンのうまい人が、いくらサーフィンがうまいといっても、波をつくっているわけではありません。運とは、自分以外のすべての環

境の変化のことです。

成功者は「自分の読みが当たった」とか「努力すれば必ず運は開ける」とか言いますが、その人はまさに運がよかったから成功したのかもしれません。

魔術的に世界を支配しようとする考えも楽しいですが、不確定な要素があるからこそ世の中は面白いというものです。

人知を越えたところで世界は動いています。とするならば、自分の決断が正しいかどうかも、運にかかっているということもできるのです。きまじめに努力しなければならない、決断しなければならないと思い詰めすぎると息苦しくなります。

「決断なんて、自分をだまくらかしているようなものだ」と達観することも大事です。「騙されたと思ってやってみな」という言い方がありますが、いくら考えても決めかねていることがあったら、「騙されたと思って」決断してみましょう。運がよければいいほうに転がるでしょう。運が悪ければ、うまくいかないでしょう。

しょせん、私たちはちっぽけな存在です。世界という大きな存在、運という「いかんともしがたいもの」を相手に、戯れるようにして楽しんで決断していきましょう。

決められる人は、
決断が間違っても、すぐに間違いを認められる

「君子豹変す」とか「朝令暮改」という言葉があるように、状況の変化、思考の変化に応じて態度や行動を変化させることは恥ではありません。それと同様に、間違うことも恥ではありません。

絶対に間違えない人などどこにもいません。

むしろ、私たちは間違いの連続ではないでしょうか。なぜダイエットが人気なのか。それは意に反して太ってしまった人がいるからです。

生活習慣病にしても、意に反して、あるいは無知から不摂生を長期にわたって続けているからです。現代人の大半が生活習慣に問題を抱えているならば、誰もが間違いだらけの生活を送っているということです。

大事なのは、間違いだと気づいたときに、間違いを正すことです。

悪い習慣をずっと続けてきたからといって、自らの一貫性に縛られる必要はありません。

自分と環境の変化を機敏に感じ取れるような感覚の鋭敏性が欲しいものです。

絶対はありません。変化のみが真実です。すべては常に変化していきます。私たちも変化していかなければ、取り残されてしまいます。自らの決断で変化していきましょう。

第3章

「決められる自分」に変わる方法（変える）

Change myself

決められる自分になるために「自分のやる気の素」を知る

『結局、「すぐやる人」がすべてを手に入れる』

これは、2015年刊行の拙著のタイトルですが、このタイトルを見ただけの多くの方は「すぐ」に行動できないとダメだと思ってしまうようです。

この本は、「すぐやれ、すぐやれ！」と追い立てるつもりで書いたものではありませんでした。むしろ、「すぐ」やれるように、ほんのわずかの時間を使って、気分を上げることはできるので、気分を上げてすぐやるモードになってしまいましょう、ということをお伝えした本なのです。

このように説明しても、「すぐやらないといけない」という焦る気持ちがおさまらない方もいるかもしれません。しかし、そうではありません。

実際、成功者やうまくいった人は、必ずと言っていいほど「すぐ」やっているし、

「すぐ」決断しています。

でも「すぐ」やれば必ずうまくいくとか、「すぐ」決めれば必ず成功する、という話ではありません。逆は真ならずということです。

大事なことは、自分の人生の大目的や、お客様の満足や社会への貢献度合いがいかほどかということです。それらさえ明確になっていれば、「すぐ」決断したり、「すぐ」行動したりすることができるのです。

特に、自分の「やる気の素」がわかっていなければ、「すぐ」に決断することはできません。「やる気の素」がわかっていないのに、「すぐ」決断しても、必ずうまくいくとも成功するとも限りません。

肝心なことは、あなたが成功をつかみ、幸福を手に入れることです。そのために行動変容を起こすことにあるのです。

だからまずは、自分の「やる気の素」を見極めておくことが大切です。

混迷の現代において、誰もが納得のいく「正解」や「必勝の方法」などといったものはありません。一人ひとりが、自分の胸に問いかけて見つけていくほかありません。

一橋大学大学院国際企業戦略研究科教授の楠木建先生は、これからの時代の経営者にとって成功するための秘訣は「好きなようにすること」だとおっしゃっています。成長経済の中にあっては、チャンスをすばやく見つけて手を伸ばすことのできた企業が成長してきました。

しかし、成熟経済で成功をつかむためには、独自のスタイルでオリジナリティを打ち出していくしかありません。しかも、そのオリジナリティが必ず成功するという保証はこれっぽっちもないのです。

それが成熟経済に生きる私たちの宿命です。

何をしたらいいかわからない。ならば、自分のこだわりに忠実に、自分の好きなように事業を構想し、戦略を立てて、今までにないクオリティを世に打ち出していくほかないのです。むしろ、そのようなあり方が許され、推奨される世の中になったのです。

生きる指針は、自分の外側にはなく、自分の胸と肚に聞くほかありません。

「やる気の素」は自分が楽しいか楽しくないかを分ける基準であるばかりではなく、自分の生存戦略に関わる重要な要素なのです。

「やる気の素」は、自分の生きていく動因です。「やる気」とは、体の内から湧き上がるエネルギー。そのやる気の「素」となるものは第2章で述べたように、次の2つです。

1. 譲れない価値観
2. 心躍る未来像

譲れない価値観は、あなたが心より大事にしている価値の基準です。何に価値を見いだし、何に価値を見いださないかということで、好き嫌いの根本に潜む思いです。

心躍る未来像とは、ある場面で誰かとあるいはひとりで何かをしている光景であり、それをあたかも現実であるかのように味わっていると心が躍り出してしまうというような場面のことです。

そこには「譲れない価値観」が含まれているので、そのよさを一言で表すことによって「価値観」を引き出すことのできる光景です。

それさえ満たされたらほかには何もいらないと思えるような「譲れない価値観」や、

3D環境映像のようにあたかもそこにいるかのように感じられる「心躍る未来像」は、人を突き動かす動因として機能します。

この「やる気の素」がすべての決断と行動の源となり、根拠となります。

論理学では「前提が偽ならば結論は真」と言います。決断と行動の前提になるのが「やる気の素」です。このやる気の素があなたにとって「偽」であるならば、どんな決断も行動もまったくどうでもいい（真）ことになります。

あなたにとっての「やる気の素」が「真」であれば、個々の決断と行動について、それが「真」であるのか「偽」であるのかを判断することができるようになります。

あなたの決断の大本《おおもと》には、「やる気の素」があるのです。

戦略的に「決断の場数」を踏む

「決断力」のある人というと、物事に動ぜず、どっしりと構えて、自らの意志に基づいている、という人を思い浮かべます。そういった人は、「百戦錬磨の達人」「修羅場をくぐり抜けている」などと評されることがあります。

つまり、これまでに無数の経験を積んでいる人ということです。

なんの経験でしょうか？

それは決断をした経験です。経験の数が多いということは、年数を重ねていることが多いので、ベテランの方々には「決断力」のある人が比較的多いと言えるのです。「決断の場数」をこなしてきた方には「胆力《たんりょく》」が生まれます。「キモが据わっている」ということです。「場数力」と言ってもいいでしょう。

「自分はまだ決断の経験を積んでいない」と思う方は、まだ場数力がついていないだけですから、気後れせずにこれからどんどん場数を踏んでいきましょう。

決断に関して言うと、実は、意識さえすればいくらでも場数を踏むことができます。必ずしも大きな仕事を任されなくても、リーダーにならなくても、小さな決断を重ねることで場数力をつけることができます。

これは第2章でも書いた**「自己決定感」**のことです。意識して、自分の意志で決めることを繰り返すだけで、自己決定感は高まり、場数力がついていきます。

これまで、あまり物事にこだわらずに周囲に流されてきたと思う方は、ぜひ、何でも自分の意志で決めてみましょう。

目標実現の専門家・大平信孝さんは著書『本気で変わりたい人の行動イノベーション』（秀和システム刊）の中で、「かつては昼食に何を食べるかさえ、自分では決められなかった」という過去について触れています。

しかし、自分の軸に目覚め、昼食ひとつとっても、自分の欲望に着目して自ら選択するようにしていったそうです。大平さんは、その決断と行動のノウハウを「行動イノベーション®」というコンセプトにまとめて、全世界に広めています。

実は、日々の生活で私たちはいくつもの選択肢を目の前にして、決断しているのです。この無数の決断の機会を、無意識のうちに過ごさないでください。少しでも決断の機会だと思ったら、意識して決断してみてください。そういった小さな決断を繰り返すことで、決断の場数力はついていくものなのです。

決断の場数力をつけるトレーニングで、すぐ決められる人になる

ここで、決断の場数を踏むための戦略的なトレーニング方法を紹介します。

決断力を磨く二者択一トレーニング

1. すべての選択肢を列挙する
2. 選択肢を2つに絞る
3. 2つの選択肢それぞれについて選択後の可能性を検討する
4. 直感的にひとつを選び、行動を決断する
5. 選んだ結果、行動してみてどうなったかを振り返る

これは日常的に行える方法です。

たとえば、昼どきにどこでランチを食べるかを考えてみる場合にも使えます。

まず、事務所の近くにある食堂やレストランを列挙します。そのうち、入りたい店を2つにまで絞ります。それぞれの店に入ったら何を注文し、どんな体験が待っているのかをシミュレーションします。そしてひとつのお店を選び、実際に足を運んで食べてみます。結果としてどうだったかを振り返る、という感じです。

国会議員や市町村議会議員の選挙も、本番でありながら同時に決断の練習にもなります。果たして投票した候補者は当選するのか、当選した後にどんな働きをするのか、しっかりと検証することが大事です。検証によって、自分の決断は正しかったかどうかがわかります。

さらには、手数料の安いネット上の証券会社に口座をつくって、株式投資をしてみるのも決断の場数力をつけるのにはよいでしょう。

もうひとつ、10秒以内に自分の行動を決断するトレーニングをご紹介します。

決断を迫られてから決断するという受け身の対応ばかりが決断ではありません。こ

決断力を磨く！　二者択一トレーニング

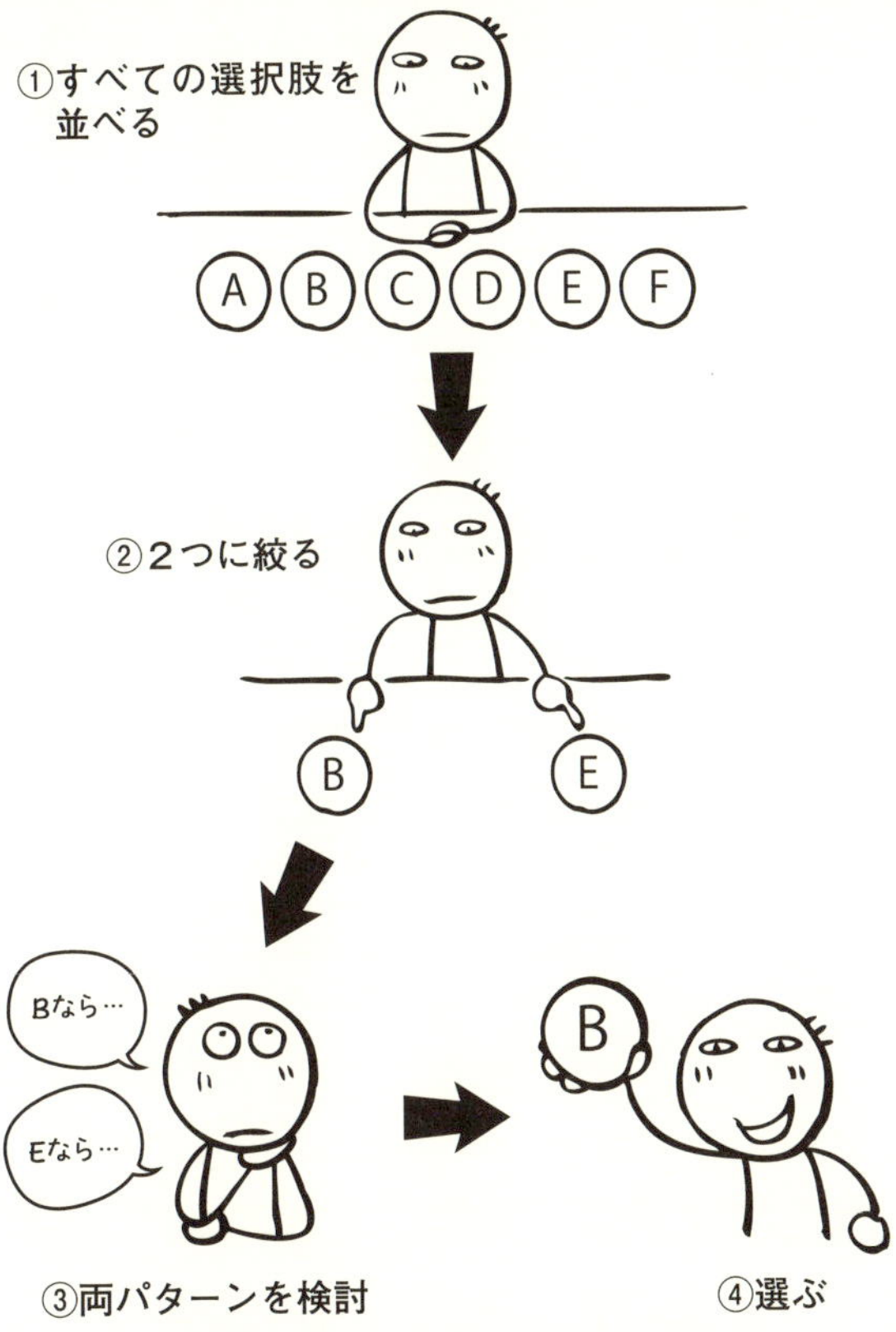

自分で決める癖をつけよう!

ちらから積極的に決断する決断もあるのです。

10分後の行動を10秒で決めるトレーニング

1. 日中活動しているときに、適当な時間にアラームをセットしておく
2. アラームが鳴ったら、10秒以内に10分後に行う行動を決断する
3. その直後、10分後にアラームが鳴るようにセットする
4. 10分後にアラームが鳴ったら、決断を実行する

このようにして、決めて、必ず行動するということを繰り返していくと、「自分は決めたら行動する」という認識が強化されます。

このトレーニングのいいところは、10分後のことはおおかた想像がつくので、10分後のことなら決断しやすいという点にあります。実行しやすい決断を積み重ねることで自信をつけていくトレーニングです。

10分後の行動を10秒で決めるトレーニング

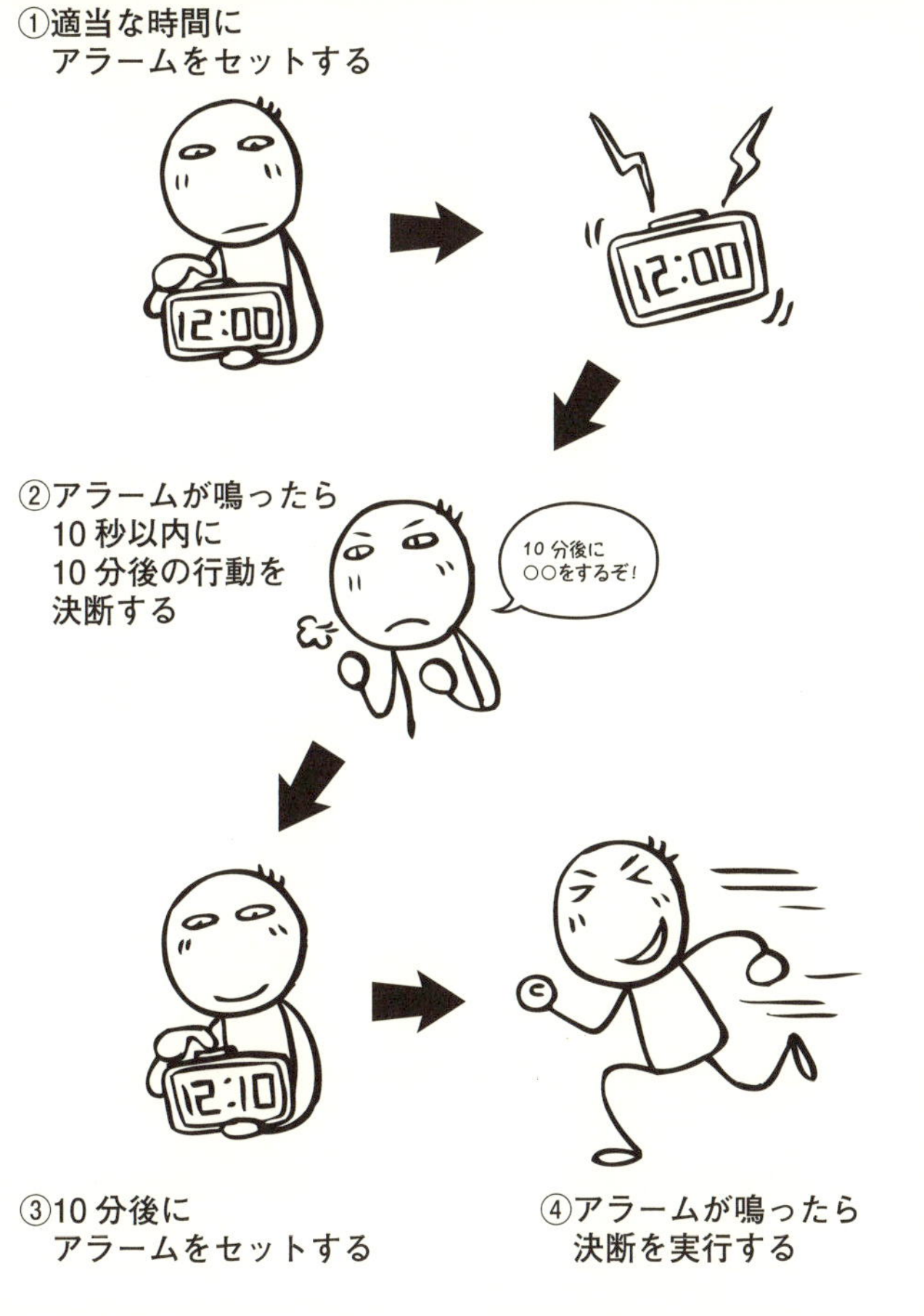

場数力で運をつかめば、すぐ決められる人になる

この、自覚的な決断を日常的に行っていくことは、「運をつかむ力」もつけてくれます。

「運というのは、向こうからやってくるものであって、こちらの意志ではどうしようもないものではないのか?」

そんなふうに考えると、運とは自覚的な決断の対極にあるように感じるかもしれません。確かに、私たちのエゴでどうにもならないものこそ運と呼ぶに相応《ふさわ》しいのかもしれません。

ただし、そのエゴの力ではどうにもならない運が自分に向いてきたときに、その運をつかむかどうかは自己決定の範囲内です。

自己決定ゾーンに運が飛び込んでくるのです。自己決定ゾーンでつかむのか否かは、

とても重要な選択であり、決断です。

常日頃から小さくてもいいから決断を重ねていないと、大きな運が自分に向いてきたときに、決断ができません。

小さな決断をいつもしているということは、常にリスクをとる練習をしているということです。カレーライスを選べば、中華料理は食べられないというように、ほかの選択肢を断つ経験も重ねているのです。

そうやって鍛えられた決断の場数力が、決断の重大局面で力を発揮するのです。常日頃から意識的に決断していない人が、重大な局面で決断できるはずがないのです。

これからは、決断を意識してください。

「これから場数を踏むのか。先は長いな」とがっかりしなくても結構です。

実は、これまで無自覚に生きてきた方でも、実際には、無数の決断をしてきたのです。これからは、過去の決断を思い出し、どんな理由でどんな決断をしてきたのかを思い出すようにしてください。

どんな小さな決断でも思い出したら、ノートに書きとめましょう。そして、どうしてそう決断したのかについてのプロセスをしっかり思い出し、決断した自分を認めてあげましょう。

そうすると、過去の無自覚だった決断も、自覚的な決断として息を吹き返します。あなたの場数力が上がります。かつての経験を思い出して意識するのです。

特に重大な決断の場面というのは、個人の人生ではなかなかやってこないかもしれません。そして、あまりに過酷な決断ばかり強いられても耐えきれなくなってしまいます。

そのため**重大な決断の場数を踏みたければ、他人の経験を利用しましょう。**過去の偉人や経営者、または企業の決断に関する文章を読んで、自分だったらどうするだろうかと考えたり、先人の決断を追体験して、自分も同じように決断した場合を味わってみたりするのです。情景をありありと思い浮かべ、自分が当人になりきって決断してみてください。

このような決断の追体験をしていくだけでも、決断の場数力がついていきます。意図的に決断の場数力をつけていくように行動してみましょう。

シミュレーションする癖をつければ、すぐ決められる人になる

決められる人は、心配することがあったら、「心配が現実になったらどうなるのかを具体的にシミュレーションしてしまえばいい」と考えます。

未来はどうなるかわからないから、シミュレーションするのです。

次の手順を踏んでシミュレーションしてみましょう。

1. まず何が心配なのかを自分に問いかける
2. その心配なことが起こった場面をありありと思い描く
3. その心配なことが起こるまでのプロセスを思い描く
4. そのプロセスを防ぐためにできることを思い描く
5. 逆に、起きてほしいことが起きてうまくいくプロセスを思い描く

6．うまくいくプロセスを起こすためにできることを思い描く
7．今すぐできることは何かを考える

このシミュレーションの手順は、具体的にはこんなふうに考えます。

1．まず何が心配なのかを自分に問いかける

自分が何を心配しているのかを自分に問いかけてみます。たとえば、すでに発注してしまった特別受注品の仕様書に、小さなミスがあったかもしれないと心配になっているのだとします。本当にミスがあったのか自分の記憶は曖昧《あいまい》で、ミスをしていなかったかもしれません。そのミスが何を引き起こすのか心配が募ってきたのです。

2．その心配なことが起こった場面をありありと思い描く

では、ミスが思い違いではなく、本当であれば、完成した製品を納品したあとで、お客様がそのミスに気づき、返品や大クレームになるかもしれません。大クレームを引き起こし、お客様がカンカンになって怒り、すぐに正常品との交換を要求され、自

社はその対応のために、工場の製造ラインの計画を臨時対応で変更し、そのためのコストが営業部門に振り替えられ、せっかく稼いだ利益を大幅に失ってしまう。あなたは上司から責任を追及され、来年の査定は降格、給与も減額、転勤になり、別の仕事に就かされる。そんな展開が想像されます。

3．その心配なことが起こるまでのプロセスを思い描く

そんな最悪の事態が生じるまでのプロセスを思い描くと、ミスに気づいたものの、勘違いかもしれないと発注仕様書を確認することもなく、放置してしまい、お客様とはそのまま商談を進め、工場からの進捗状況の報告を黙って受け止めて、本来途中で工程をストップさせなければいけないのにそのまま進行させ、納品の日を迎える。この間に、上司にミスの発生を報告せず、万事順調に進んでいることを報告している。そんなプロセスを想像します。

4．そのプロセスを防ぐためにできることを思い描く

そのようなプロセスを許してしまったがために大クレームになってしまうのですか

ら、それを防ぐためにできることを洗い出します。

・すぐに発注仕様書を確認する
・もしもミスが事実であれば、すぐに上司に報告する
・すぐに工場に連絡して、いったん工程をストップしなければならない旨を伝える
・善後策を社内で検討し、すぐにゼロから製造し直す場合の納期のシミュレーションなどを行う
・社内の経費増についての申請や根回しをする
・同時に、お客様に対しては率直に、ミスが発生したこと、その責任の所在、善後策のアイデア、納期について話す

など、いくつもやるべきことが見え、取るべき行動が明確になります。

5．逆に、起きてほしいことが起きてうまくいくプロセスを思い描く

必ずしも失敗するわけではありません。すべてがうまくいったとしたらどんな展開

になるのかも思い描きます。

完成品を納品したところ、お客様には大満足していただき、感謝の言葉をいただける。すぐにその場で上司に連絡を入れてくださり、あなたの功績を讃えてくださる。自社に戻ると、同僚が拍手で迎えてくれて、祝賀の宴が開かれる。来期の資格等級は昇進し、給与額も引き上げられる。期末の賞与も大幅に引き上げられて、ずっと欲しかった数十万円のギターを購入できる。そんな未来が起きたら理想的だと思っているとします。

6．うまくいくプロセスを起こすためにできることを思い描く

前記のような、自分にとって最高で理想的な未来が出現するとしたら、どんなプロセスが必要かを思い描きます。ミスのないしっかりとした発注仕様書をつくり、上司のチェックなども受けて漏れなく確認してから、実際に工場に手配をかけます。工場とも十分にやりとりをして、工程の進捗管理をするなど、どうしたらいいかが洗い出されてきます。

7．今すぐできることは何かを考える

うまくいかない場合どうすればいいのか、逆にうまくいくようにするにはどうすればいいのかを踏まえて、今すぐできる小さな一歩の行動を導き出します。

右記の例で言えば、発注仕様書にミスがあったかもしれない、と思ったのだから、「まずは発注仕様書を確認してみる」ところから取り組んでみようと考えます。

このようにシミュレーションしてみると、不安だったものは不安ではなくなります。

未来とは未確定の世界ですから、予想外の展開をする場合もあります。

考えられる展開についていくつもシミュレーションして、総合的に考えましょう。

その上で、自分が何をすべきかを導くことができたら、心配はなくなり、変化に対する心構えと行動の準備ができるはずです。

「大きな結果も小さな結果の集積」と知れば、すぐ決められる人になる

有名な経営者や偉業を成し遂げた起業家やアーティスト、トップ・セールスパーソンや一流の料理人、世界的な音楽家や俳優など、世の中には大きな成果や華々しい業績を残している人がたくさんいます。

彼らが残している結果を見ると、その大きさに圧倒されてしまいます。

しかし、**彼らの偉大な業績も、小さな決断と小さな行動、小さな結果の集積によって成り立っている**のです。

毎朝少しだけ早く起きたとか、遅刻せずに到着したとか、常にメモを書きためていたとか、臆せずに企画を人に話したり、提案をし続けたり、という無数の小さな決断、

小さな行動、小さな結果が重なり合って大きな結果を生んだのです。

人は「おぎゃあ」と生まれて、息を引き取るまでの一生の間に、無数の決断をし、無数の結果を生み出します。だから、生まれてこの方、一切の決断をしてこなかったなどという人はいません。

結果の集積が人生であり、人生は小さな結果の集合体なのです。


そんな小さな決断を重ねていくには、次の手順を辿るととても簡単です。

1. まず課題の全体像をつかむ時間をつくると決める
2. 課題を行動レベルで細分化する時間を決める
3. 課題が分解された小さな行動に取り組むタイミングを決める
4. 小さな行動を実行する時間を決める

「全体像をつかむ時間をつくる」

という小さな決断を最初に持ってきています。それ以上に簡単な決断が思いつくようでしたら、そちらを実践してみてください。

とにかく、決断自体も小さく、行動も小さくして、くしゃみひとつする間にできるような小ささにしてしまえば、先延ばしをする意味もなくなり、すぐやれてしまうでしょう。

決める力で大切な「8：1：1の法則」

プロ野球のイチロー選手は、

「準備というのは、言い訳の材料となり得るものを排除するために考え得るすべてをこなしていくこと」

と言っています。

決断するためには、決断しない「言い訳の材料」となるものを排除していくことが大切です。それが準備だと言い換えることもできるでしょう。

決断できない人は、決断するための準備ができていません。

つまり、準備ができていないからこそ決断できないのです。決断できる人と決断できない人がいるのではありません。決断するために準備をした人と、準備のできていない人がいるだけなのです。

それほど「準備」とは決断するために重要なのです。

準備の重要さと決断と行動の関係は、次のような比率で考えることができます。

準備：決断：初動＝8：1：1

これを**「決断の8：1：1の法則」**と呼んでいます。

周到なる準備をし、決断します。

決断しただけでは、まだ十分とは言えません。初動が必要なのです。初動とは、決断を実行に移すための「最初の小さな一歩」のことです。

準備に始まり、決断し、初動を起こして、はじめて決断は実効性を持つのです。

何かを決めるためには、何を決めるのかが決まらなければ決めようがありません。

そのためには準備が必要です。

準備もせずに決めようとするから決められないのです。

決断前に5大要素を整理すれば、すぐ決められる人になる

「準備：決断：初動＝8：1：1」と書きました。「準備」は、決断にいたる前の段階だからこそ、様々なことを検討します。調査や熟考、比較検討、議論などをする段階です。

この段階で行う準備とは、以下の5大要素を行うことです。

1．検討する「課題」を明確にする

何について考え検討しているのかが明確でないと、とんでもない答えが出てこないとも限りません。

常に、「今何に取り組んでいるのか」を明確にしていきましょう。

たとえば、上司に「反省しろ！」とこっぴどく叱られたとします。そして反省しようとするのですが、上司の言葉や自分の行動などがとりとめもなく思い出されるばかり。混乱し、気分が落ち込むだけということもよくあります。

そんなときに、今自分は何を検討しているのか、と自問自答します。たとえば、

・作業手順を改善するという課題
・顧客対応のミスの原因を知り、改善するという課題
・仕事に対する取り組み姿勢を改善するという課題
・仕事のスピードアップという課題
・報告・連絡・相談をルーティン化するという課題

などです。「上司に叱責された」という事実とは別に、これから自分は何を考えるべきなのかを明確にしましょう。感情と課題の分離には特に気をつけましょう。

2.「課題」を取り巻く「環境」を明確にする

物事を考えるとき、「課題」そのものだけに注意を払っていてはわからないことが出てきます。「課題」に関わることを確認することで、はじめてその「課題」の位置づけや優先順位などを知ることができます。

たとえば「作業手順を改善する」という課題なら、業務マニュアルはどうなっているのか、他部門との連絡手順はどうなっているのか、後工程にはどんな仕事があり、誰がやっているのか、などをわかっているかが重要になってきます。

「課題」を解決するには、「課題」の周辺環境を把握することが不可欠なのです。

3.「課題」を取り巻く「利害関係者」を明確にする

直接・間接に様々な人や組織が関わっているはずです。それらをすべて洗い出してみましょう。たとえば、得意先、仕入れ先、お客様などです。

「報告・連絡・相談をルーティン化する」という課題であれば、仕事の報告・連絡・相談をするときの全利害関係者です。

報告は上司にするかもしれませんが、その案件自体は直接的にお客様に関係し、お客様の状況を上司に報告するのでしょう。製品に関係するならば、製造部門や品質管理部門、サービス部門にも関係するでしょう。

利害関係者を洗い出していくと、単なる報告・連絡・相談が、社内に留まらず社外、果ては原材料生産国にまでつながっていることに気づくかもしれません。

あなたが「課題」に対して決断を下すと、それら利害関係者がどのように変化するのかに注意を払うことも大事なのです。

4．「課題」の「上位の目的」を明確にする

「課題」に対して決断を下すにあたって、そもそもそれは何のための決断なのか、何を達成するための決断なのかを押さえておく必要があります。

簡単に言えば、決断することの目的のさらに上位の目的についても考え、目的の目

的たる大目的を視野に入れることで、決断の可否を検討することができます。

取り組む「課題」の上位目的を検討し、利害関係者とも合意をとりながら進めていくと、決断すべきことが何なのかが自ずと明確になってきます。

5.「課題」と関わる「自分の状況」

そもその決断を自分がその対象に対して決断する意義は何なのか、ということから始まって、現在の自分の状況や状態、思考や感情、行動形態、習慣、生活など全般にわたる自分の状況を確認します。

たとえば「作業手順を改善する」という課題であれば、これまでの作業手順をやってきたのはなぜか、自分の思考や感情、改善したい理由などを考えていくと、どうして自分がこの課題に取り組む必要があるのかが明確になってきます。

あなたが関わる以上、あなたを抜きにして検討しても、あなたにとっては無意味な結論が導き出されてしまいます。その「課題」のあなたにとっての価値や意味を検討してください。

これらの5大要素を検討することが、決断するための準備のプロセスになります。決断できない、と感じて堂々巡りをしているよりも、この5大要素を書き出して、順番に検討してみてください。

それらを俯瞰して見れば、状況が整理でき、準備が整っていきます。

直感力を磨く6つのワーク

直感抜きにして、決断はできません。

直感が冴えている方は、決断も速いと言えるでしょう。逆に言えば、論理的検証をすっ飛ばして、びしばし決断していくタイプの方は、直感が冴え渡っています。

ご本人は、直感か論理かなどとすら考えず、あらゆることが自明だとさえ感じているかもしれません。

誰もが直感で生きていく必要はありませんが、論理と同様直感も鍛えていくことが大切です。

直感力を磨く方法はたくさんありますが、その中でも簡単に始められるやり方をいくつか紹介します。

ワーク①意識の流れを書き出す

ノートを一冊用意してください。

私たちの脳には毎日大小含めて何億個という思考が流れています。その流れを流れのままにつかまえて、とにかく書き出してみてください。

とても追い切れず、書き切れないことにも気づくでしょうが、それでも手が動く限りの限界まで書き出します。5分だけ、10分だけでも結構です。

自分の思考をモニタリングするわけです。まるでパソコンの画面のように白いノートのページには、あなたの思考や感覚が書きとめられていきます。

言葉にならなければ、手の感覚のままにペンを動かして、落書きのような絵のようなものを書き殴ってもいいです。

とにかく、あなたの感覚をノートの上に解放してやるのです。解放されたあなたの感覚はきっと悦び、あなた自身も結構すっきりし、楽しい気分になります。ぜひ試してみてください。

ワーク②夢を記録する

夜眠っているときに私たちの脳は、一日の体験を整理し統合していると言います。その最中にREM《レム》睡眠と呼ばれる状態があります。REMとはRapid Eye Movementの頭文字で、睡眠中に閉じたまぶたの裏で急速に（Rapid）眼球（Eye）が動く（Movement）という現象が起こる睡眠状態です。このREM睡眠のときに夢を見ると言われています。その夢は、私たちの心の奥底に潜む情報の断片を整理しながら映像化しているのかもしれません。

その夢の断片を思い出して、その断片が示唆するものを探究すると、色々なことに気づけるようになっていきます。

そのために夜中に見る夢を思い出せる限りノートに記録してみてください。いわゆる夢日記、夢ノートです。夢を記録しようと思うと、夢を覚えているようにもなります。そういったことを続けていると、夢の持つ意味が見え、日常の些細なことから意味を見いだすことができるようになります。

ワーク③街を歩きながら目についたものに注意を払う

気分転換のためや体調維持、ダイエットなどのために散歩をする方がいます。思わぬ発見をしたり、今まで見過ごしていた建物を発見したり季節の変化や街並みの変化に気づきながらの散歩は楽しいものです。

街の姿は、毎日歩いていると、ほとんど変化していないようですが、日々何かしら変化しています。そういった変化を意識して探してみましょう。

一回の散歩で、自分にとっての新しい発見がいくつできるか見つけてみましょう。注意深くなることで、多くの発見をすることでしょう。

こういったことを続けていくと、変化や新しいものに対する感度が高まります。

上級編として、そういった発見の数々の中から、もっとも気になるものをひとつ選んで、その意味を探究するワークを紹介します。

①変化のうち、もっとも「気になったもの」を選んでください

②その「気になったもの」は、なぜ気になったのでしょうか。その理由をリラックスしながら自らの心に問いただしてください

③理由がなんとなくわかってきたら、それを言葉にしてみてください

④または、絵や落書きのようなものにして表してみてください

⑤次に、今度は自分が「気になったもの」になったつもりになってみてください。たとえば「気になったもの」が電柱やポストであれば、想像の中で電柱やポストになりきって、その立場を想像するのです。そのときに何を感じるでしょうか

⑥「気になったもの」があなたの気を引いたのはなぜだったのでしょうか

⑦もしもあなたが、あなたの人生の脚本家でその日のあなたに「気になったもの」の存在を気づかせたのだとしたら、それはなぜでしょうか

⑧ここまでやってきて見つけた気づきを文字や絵に記録してみてください

以上を遊び心で感じ取ってみてください。こういったほとんど論理では捉えられない微細な感覚に注目することを楽しみながら続けていくと、微細な感覚に気づけるよ

うになり、直感力が向上します。

ワーク④体の感覚を確認するポイント注目リラックス法

体をリラックスさせる方法として、体の各部を一つひとつ意識しながらゆるめていく方法があります。

たとえば、目を閉じて横になり、頭頂部、額、眉間、まぶた、頬、あご、首、喉、肩、肩甲骨、胸、背骨、肘、上腕、手首、指先、腹筋、下腹部、腰、股のつけ根、腿、膝、すね、ふくらはぎ、足首、踵、つま先と、上から順番に各部を意識してゆるめていくのです。

このリラックス法を続けていくと、普段は特段の注意を向けていないような体の各部に意識を向けることができるようになります。

体の各部に意識を向けるのは、リラックスのためだけでなくても構いません。順番に体の各部に意識を向けて、体の各部の状態をチェックしてみてもいいのです。

今、それぞれどんな感覚があるのか、凝っているのかそうでないのか、気持ちよいのかそうでないのか、あるいは活性化しているのかそうでないのか、を一つひとつチェックしていくのです。

毎日チェックしていくと、日によっては、ちょっといつもと違うなと感じるポイントが見つかるかもしれません。もしもそんなポイントが感じられたら、それはなぜなのか、そのポイントはあなたに何を訴えているのか、そのポイントが象徴するものが何か、そこから連想するものは何かを目を閉じてゆったりと感じ取ってみてください。気づきは、ノートなどに言葉や絵などで書きとめてください。

その気づきを活かしていきましょう。私たちの体は賢くて、私たちに何らかのメッセージを発しています。特段の運動をしなくても、意識を向けるだけで、体からのメッセージを受け取ることができますが、体を動かしながらチェックしてみるのも有効です。

ワーク⑤イメージを追いかける

子どもの頃は、色々なことを想像して遊んでいたものです。友達で集まっては架空の物語をつくったり、見たテレビ番組の続編を考えたりしたことはありませんか。

大人になると、空想にふけるということがなくなってしまいます。あえて、直感力を鍛えようとするならば、遊び心を持って空想にふけってみましょう。

なんでも構いません。事業の将来の場面でも、宇宙旅行でも何でも結構です。できれば、空想で描いたイメージを展開させてみてください。ひとつの場面が出てきたら、その後、その場面がどんなふうに展開するのか。

自分が登場するなら、動き回って別の場所に行ったところを想像してみてください。日本の架空の街からヨーロッパの山奥、サハラ砂漠のど真ん中、月の裏側の空間などイメージをつくって、それを展開させるのです。

そんな空想遊びをしてから、気づいたこと感じたこと、連想したことなどを書き出してください。これも直感力の訓練になります。

ワーク⑥「偶然」を記録する

直感力を高める訓練や空想力を全開にする訓練を続けていくと、日常生活の中に意味のある偶然の一致を発見するようになります。独立起業のことを考えていたら、たまたま立ち寄ったコンビニの雑誌の棚に、起業を特集したビジネス誌を見つけたとか、テレビをつけたらいきなり有名な起業家が出てきたとかいうことです。このような「意味のある偶然の一致」のことを「シンクロニシティ」と言います。

因果関係は、原因と結果ですが、シンクロニシティは、何が原因で何が結果かは明瞭ではなく、ともにそこにあることに気づいてしまうことです。

そうした「シンクロニシティ」をノートなどに記録していきましょう。

記録を取ったらその体験を振り返って、そこにどんな意味があるのか、その体験があなたに教えてくれるものは何か、などの気づきをノートに言葉や絵などで表現し書きつけてください。

直感力を磨く6つのワーク

①意識の流れを書き出す

②夢の記録をする

③街を歩き、注意する

④リラックスする

⑤空想する

⑥偶然を記録する

即断即決の10秒ルール

私たちが日々直面しているのは、具体的なタスクです。

・書類をつくる
・予定表を埋める
・電話をかける
・メールを送る
・報告・連絡・相談する
・企画書を書く
・企画を口頭で提案する
・お客様を訪問する

・商談する
・会議に出る
・議事録をつくる
・アポイントをとる
・経費の申請をする

このような具体的な作業から、もう少しまとまった仕事まで含めて、常に具体的なタスクに直面しています。

その一つひとつについて決断をしなければなりません。この「タスクレベルの決断」が滞ると、いわゆる「仕事が溜まっている状態」が生まれ、すぐさまクレームが生じたり、窮地に立たされたりすることになります。

「タスクレベルの決断」においては、具体的な行動が決まらないと解決しないことが多いので、どんどん決めて行動していく癖をつけましょう。

コツは、**10秒以内に行動の決断をすること**です。少なくとも今、この瞬間取り組むか取り組まないのかを決断してください。

取り組むのであれば、すぐに全体を把握して、小さな行動の単位に分解して、すぐにできることだけ行動に移すのです。もしも今は取り組まないと決断したのであれば、そのタスクにいつ取り組むのか、すぐに手帳やスケジュールアプリに書き込んでください。

もちろん、人生の方向性や転職などという大きな問題で早まって間違った決断をすると、取り返しがつかない場合もありますが、「タスクレベルの決断」であれば、少々の間違いは修正が効くことのほうが多いものです。

「タスクレベルの決断」においては、早い段階で上司や得意先など関係者の意見を取り入れると手戻りを防ぐことができます。

タスクレベルの10秒決断ワーク

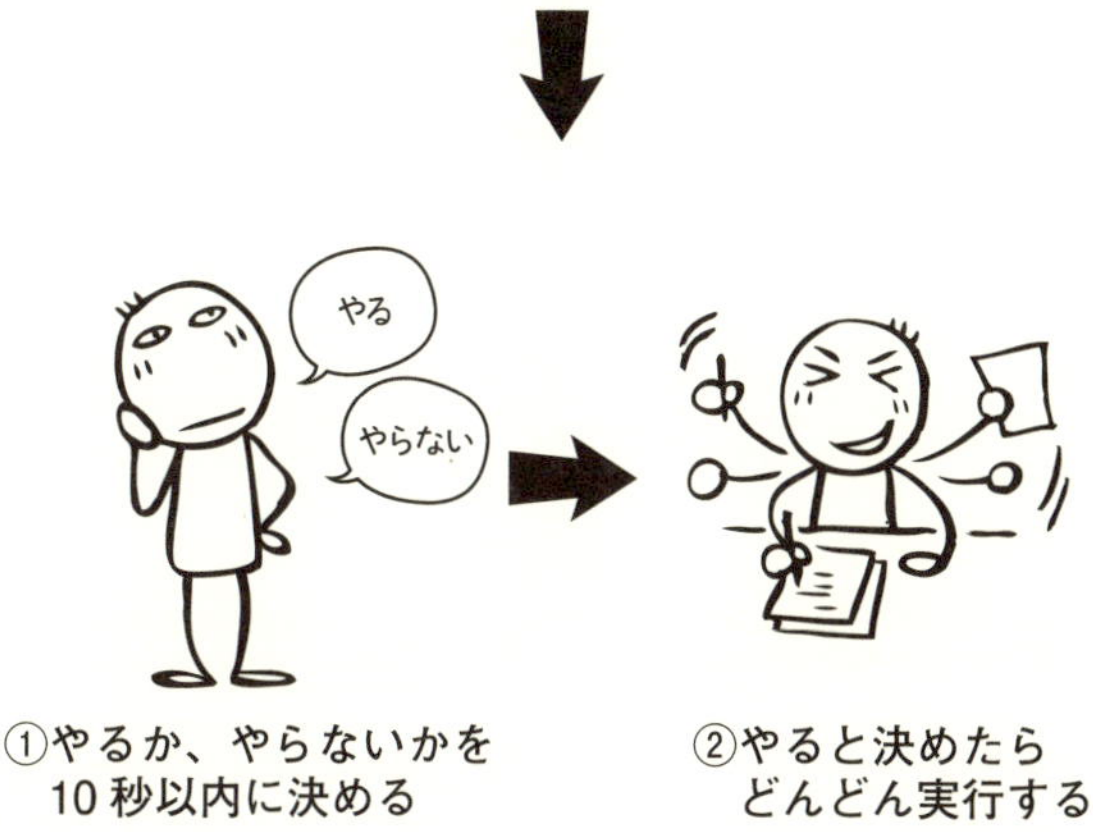

案件解決のために3要件を把握すれば、決められる人になる

「タスクレベルの決断」において把握しておくべき、3つの要件があります。

1. 人・モノ・カネの条件を把握する
2. 納期とその後の工程を把握する
3. 案件の目的と上位目的を把握する

1. 人・モノ・カネの条件を把握する

ビジネスは人・モノ・カネで動くものです。タスクレベルの仕事は、すべてが具体的にどうなのか、をしっかり把握しておかなければなりません。

人という意味では、担当は誰か、受益者は誰か、提出先は誰かなど、人にまつわる

条件を把握しておきましょう。

モノという意味では、具体的に何を求められているのか、何をアウトプットすればいいのか、何を使うべきなのか、何を利用すべきか、何を対象としているのかなどを把握しておきましょう。

さらに、お金と無縁なビジネスはありません。売上、利益、コスト、資金源、分配比率などについて十分に把握しておくことが大事です。

2. 納期とその後の工程を把握する

ビジネスには必ず期限があります。期限がいつなのかを常に把握しながら行動しましょう。

納期を確認する癖のついている人はすでに多いと思いますが、納期のその後の工程にまで気を配っている人は少ないかもしれません。提出期限のその後、相手方ではどんな工程が待っているのかも把握しておきましょう。

ビジネスは人と行動の連鎖で成り立っています。自分の関わる工程には終わりがあっても、別の人がその先の工程を引き継いでいるのです。

その後に会議があるとか、その先のお客様に提出する日程があるとか、さらに手を加えるとか、その後の工程は様々です。

鋼材を製造する企業は、メーカーに鋼材を納品すれば仕事が完了します。しかし、メーカーはその鋼材を製品に加工します。パッケージして出荷して工程が完了します。その後、その製品は運送会社によって卸業者の倉庫に納品されます。運送会社の仕事はそこで完了しますが、卸業者は小売店からの注文を受けてその製品を出荷・納品します。卸業者の仕事はそこで完了しますが、小売店はその製品を店頭に並べ、来店客の皆さんに販売します。

小売店の仕事はそこで完了しますが、来店客はその製品を自宅で開梱し、セッティングしたら毎日使用していきます。その製品を使用するのはまた別の用途のためです。

このように、**価値とサービスと物品の連鎖**が延々と続いているのです。この連鎖を意識して仕事をするかどうかで結果は変わってきます。すぐに決断するためにはこの連鎖を意識することが大事です。

3．案件の目的と上位目的を把握する

ビジネスが価値とサービスと物品の連鎖だとすると、その連鎖の目的やさらに上位の目的もあるはずです。なんの目的もない取引というのはありません。必ず目的や意味があります。常に目的を確認しましょう。

「この案件の目的は何ですか？」

「この案件は何のためにやるのですか？」

「この案件が完了したときに、どうなっているといいのでしょうか？」

などと関係者に質問したり、自問自答したりすると、目的が見えてきます。

どんな課題も、それに取り組むということは、その課題がどうなったらいいのか、という解決方法を考えることでもあります。

それは最終結論ではないかもしれません。

それでも構わないのです。目的を見つけ、その上位目的も確認してみます。さしあたっての暫定目的、仮目的であっても構いません。解決の方向性について当たりをつけることで、行動が絞り込まれます。

「制約のない理想的な未来像ワーク」で決断力を高める

すぐ決められる人は、取り組む課題の暫定的な目的が見えたら、制約のない理想的な未来像を考えます。究極の理想から逆算して、現在何をすべきかを考える癖をつけているると、すぐに決断できます。

「なんの制約もなかったとしたら、どうなっていたら最高なのだろうか」ということに思いを馳《は》せるのです。

「なんの制約もなかったとしたら」というのは、言い方を変えれば、「都合のよすぎる結末とはどんな状態か」ということです。

多くの方は、想像力にストッパーがかかっていて、いくら都合のいい未来像と言っても、制約なく考えるのが苦手という方もいます。

たとえば、お客様に自社のサービスを提案しようというときに、理想的な未来像を

考えてみます。しかし、想像の段階で、
「プレゼンはうまくいくのだが、お客様の反応は冷ややかで、サービスは受託できない」
「プレゼンの準備は完璧だったが、当日しどろもどろになってしまって、サービスのよさを伝えきれずにタイムアップ」
などという想像をしてしまうと、まさにプレゼンテーションの当日にそのようになってしまいます。私たちは思い描いたものをなぞって行動する傾向があります。常日頃うまくいくイメージを持っていると、本番でもそのイメージにそって体が動きやすくなります。

自分に都合のよすぎる想像をしたからといって、笑われることも叱られることも逮捕されることもないのです。仕事を成功させるためにも、都合よくうまくいった場合の理想的な未来像を思い描きましょう。

しかし、一足飛びに理想的な状況が思い浮かばないという場合もあります。そういう場合はどうしたらいいのでしょうか。

安心してください。その場合は、未来像自体に点数をつけて、少しずつ点数を足していきながら、その点数に相応しい未来像を描くことによって、考えやすくなります。

連続加点法で制約のない未来像を描くワーク

①まず制約のない都合のよすぎる未来像を思い描く
②その未来像を100点満点で表したら、何点になるか点数づけする
③その点数に10点加えてみて、そのときの未来像を思い描く
④思い描いた未来像にあらためて点数づけする
⑤その点数にさらに10点加えてみて、そのときの未来像を思い描く
⑥これを繰り返す

連続して点数を上げて、未来像を拡大していくと、当初よりも突拍子もないほど制約の外れた未来像を思い描くことができます。

連続加点法で制約のない未来像を描くワーク

①まず制約のない都合のよすぎる未来像を思い描く
②その未来像を100点満点で表したら、何点になるか点数づけする

100点の未来

③その点数に10点加えてみて、そのときの未来像を思い描く
④思い描いた未来像にあらためて点数づけする

110点の未来

⑤その点数にさらに10点加えてみて、そのときの未来像を思い描く
⑥これを繰り返す

120点の未来

第4章

決断を行動につなげる習慣(つなげる)

To connect

決められる人は、ただ単に「決断する」わけではない

ここまで述べてきたように、「決めること」は、意図を明確にする行為であり、現実に大きな変化を引き起こすきっかけとなります。

しかし、決めただけでは、まだ現実を変えたとまでは言えません。現実とは自分と社会と物理的環境の現在の状態のことであり、それらに変化を与えてはじめて、決断が意味を持つのです。

現実に変化を起こすためにできることは何でしょうか。

それが、行動です。それは、ほんの小さな行動で構いません。行動の伴わない決断は決断に値せず、マニフェストを実行しない政治家同様に意味がありません。

「武士に二言なし」

という言葉がありますが、決断と行動の揺るぎない関係を表しています。また同時に、このような言葉が残されているということは、「前言を覆す武士」がたくさんいたのでしょう。

つまり、口で言ってもやらない、とか、決断しても行動できない人が多いというのは世の常なのです。だからこそ、私たちは、決断したら心して小さな行動を起こすことに注力しないといけません。

決意しても行動しなければ現実を変容させることはできません。

行動によって現実を変えることがなければ、どんな決断も意味を失い、無効になってしまうのです。

逆に、行動に移してしまえば、現実は否応なく変化せざるを得ないのです。

決断を行動につなげられる人は、決めて退路を断つ

何かを決断するならば、決断の「断」にも着目してみましょう。

決めて断つ。だから決断だとするならば、何かを断つのです。何を断つのかと言えば、直接的には「ほかの選択肢を断つ」ことです。

私たちは、重要な行動や高度な行動は一度にひとつしかできないようになっています。いくつものことを同時にできるほど器用にできていません。あることに極度に習熟していれば、それをしながらもうひとつのことができるのは確かですが、例外だと思っていいでしょう。

ポップスバンドのドラマーでボーカリストとしても活躍する誉恵留《よえる》さんから伺った話ですが、ドラムの基礎練習は同じリズムを何時間も叩き続けることで、それが身につくとリズムが狂うことなくほかのことを考えたり、おかずのドラミングを入れられれ

たり、歌ったりすることができるとのことでした。基礎力が極度に習熟すれば、複数のことができます。車の運転でも、慣れてしまえば考えごとをしながら交差点を通行することができるわけです。

しかし、重要かつ高度な行動は一度にひとつしかできません。ですから、決めたらほかの選択肢を断ちましょう。迷いも退路も断ってください。

決断とは、行動の制約条件を理解して、ほかの選択肢を手放すことだと心得ておきましょう。

何を断つのかと言えば、直接的には「ほかの選択肢を断つ」ことですが、同時に「退路を断つ」、「不安を断つ」、「集中を妨げるものを断つ」ということでもあります。順番に見ていきましょう。

その1．誰かに話して「退路」を断つ

決められたとしても行動につなげられなければ元の木阿弥、という話をしているわけですが、行動につなげて結果を出したいと思うならば、「退路を断つ」ことです。そのために有効なひとつの方法が**「決断したら誰かに話すこと」**です。

不言実行とか、寡黙であることとは、旧来の日本人男性の魅力のように語られていたところがあります。赤穂浪士の討ち入りを成功させたのは、大石内蔵助が決して語らなかったからだとも言えます。しかし、討ち入りを実行したからこそ歴史に名を残したのです。もちろん、不言実行でも「実行」さえしていれば問題はありません。ただ、実行しやすい環境、実行せざるを得ない環境をつくれるのは「有言実行」に軍配が上がります。

有言実行には、次の3つのメリットがあります。

1. 他人と共有された瞬間、空想も「社会的現実」に変わる

個人の頭の中に描かれた未来像は、実現しなければ空想です。個人的現実ではあっても、他人にとっては知られざる非現実です。

しかし、他人に語り聞かせたら、それは最低でも2人の間でその話が共有されたという「社会的現実」が出現します。まだ話だけの段階だとしても、あなたがそう考えたこととそのように話したことは、2人の間の現実です。

社会の最低単位は2人です。労働組合も組合員が2人いれば結成できます。それほど、2人というのは力を持っているのです。コーチングもまさに話し手がコーチに夢を語ることから現実に変化を起こしていくのです。

そういう意味では、現実には、個人的現実、社会的現実、物理的現実の3種類があると考えると便利です。

個人の夢はそれだけでは個人的現実ですが、他人に話すことによって、もうひとつの現実化の一歩を踏み出します。個人的現実が、社会的現実になるからです。

シンガーソングライターのすわじゅんこさんは、「世界に愛の歌を届けたい」という譲れない価値観を見いだし、それを公言し、やがてミャンマーの楽曲と出会い、ミャンマーで歌うようになりました。夢実現応援対話の中で語られた譲れない価値観は、対話の中で現実化の一歩を踏み出し、その後の行動によって、現実に変化を起こしたのです。

2. 他人と共有された決断は、支援者を得られる

決断が本物であるならば、黙っている手はないはずです。決断は、気持ちの問題ではありません。行動と結びついて現実に変化を起こす、そのスタート地点に立ったという意味です。

その決断したことは、あなたひとりでできることなのでしょうか。ひょっとしたら多くの人々の力が必要なのではないですか？

ならば、なおのこと口に出して公言しましょう。

あなたが心を込めて、その決断を語るならば、その心意気に共鳴した人があなたへ

の支援を申し出てくれるでしょう。

ミャンマーで伝統音楽を学び、ミャンマーのミュージシャンと交流して新しい音楽をつくろうと決断した、すわじゅんこさんは、2016年春にクラウドファンディングで支援者を募集しました。

1カ月間のミャンマー滞在と交流のための費用、ミャンマーの水かけまつりにおける音楽イベントへの出演費用などをクラウドファンディングで募ったところ、目標金額の倍額を超える資金を調達することができました。これも決断を公言し、支援者を集めた例です。

クラウドファンディングのような最近のテクノロジーを使う案件でなくとも、ごく身近な人の支援を取りつけるためにも、決断したらそれを口に出すことが重要です。

3. 他人と共有された決断は、実行せざるを得ない強制力を生む

言うべきか言わざるべきかと考えるのは、

「口に出してしまったら、引っ込みがつかない」

という気持ちがあるためです。心のどこかに、「うまくいかなかったらどうしよう。格好悪いな」という気持ちがあると、決断や将来の夢を口にするのがためらわれるでしょう。うまくいってから口にしようと考えたくなるのもわかります。

しかし、決断が本気で、絶対に現実のものにしようと思うのであれば、口に出して宣言すべきです。そして「口に出した以上は、実現させるべく行動せざるを得ない」という気持ちになって自分を追い込んでもよいのではないでしょうか。

他人に話したほうが、実行力が格段に上がるのです。これを利用しましょう。

先ほど例に挙げた、すわじゅんこさんは、クラウドファンディングで集めた資金によって見事1ヶ月間のミャンマー滞在を通じて、ミャンマーの伝統楽器とのコラボ、新曲制作、ステージ出演、動画収録などをこなし、滞在記録としてのDVD作品まで発表しました。まさに決断を公言し、不退転の覚悟で実行したのでした。

このように、他人に話して「退路を断つ」ことによって、行動が加速し、夢の実現や成功が早まります。

誰かに話して退路を断つ３つのメリット

①他人と共有された決断は、「社会的現実」に変わる

【個人的現実】　【社会的現実】

②支援者を得られる

③実行せざるを得ない強制力が生まれる

その2. 3つの自分を安定させることで「不安」を断つ

決断を前にして不安に陥る構造は、第1章で説明しました。未来への恐怖によって不安に陥り、行動をせずに堂々巡りするうちに不安が増幅するということでした。

どうなるかわからない。うまくいくのかいかないのかが見えていない状態。そのときに、気分が下がっていると「不安」になります。

気分が上がっていると、「うまくいくかもしれない！」と感じて「ワクワク」することだってあります。宝くじを買って幸せを感じる人に聞いてみると、こんな答えが返ってきます。

「1億円当たったら何をしようかと考えるだけでワクワクするんですよ」

当たるかもしれない。ということは当たらないかもしれない。未確定の未来を見てワクワクしているわけです。必ずしも不安になるとは限らないのです。

不安を断つ方法を考えましょう。

気持ちが不安定なのであれば、自分を安定させればよいのです。

自分というものを、3つに分けて考えてみましょう。それぞれの自分を安定させることで、「不安を断つ」ことができます。

▼1．肉体的存在としての自分を安定させる

肉体的存在としての自分を安定させます。そのために大事なのが健康です。

健康的な食事をしましょう。さらに睡眠をしっかりと取りましょう。そして運動です。動けるのであれば、散歩するだけでもいいです。大いに気晴らしになります。肉体的な健康を取り戻すことで不安を断つことができます。

▼2．社会的存在としての自分を安定させる

私たちは、社会的存在です。人とのつながりを実感できないと不安になります。気を許し、心を開ける友人関係を育てていきましょう。仕事に集中するあまり、気の置けない友人関係から疎遠になっていませんか？

昔の友人や職場の同僚などを誘って、食事でもしてみてはいかがですか。屈託のない話をして、憂さを晴らせば気分は上がります。心がくつろぐ社会的交流を取り戻すことで「不安を断つ」ことができます。

▼3．精神的存在としての自分を安定させる

肉体を持ち、感情に流され、社会的な交流にのまれてしまうこともある私たちは、同時に、精神的存在です。魂の奥底では精神的な活動を常に欲しています。

読書をして人生を考えたり、世界のあり方に思いを巡らしたりすることもいいでしょう。哲学書や宗教書、科学や思想、歴史、文学など精神の栄養になることをやってみてください。映画を観に行ったり、美術館巡りをしたりするのもいいでしょう。

精神的な豊かさを実感することで「不安を断つ」ことができます。

このように3つの自分を安定させることで「不安を断つ」ことができます。

その3．3つの自分を整えることで「集中を妨げるもの」を断つ

集中力が欠けていると、決断しようにも決断できず、決断したとしても行動ができません。重要な決断であればあるほど、集中力が必要です。

集中できない状態は、散漫な状態です。いくつも気にかかることがあり、意識が分散している状態です。集中力を妨げるものがあるからそうなっているわけです。

意識をひとつのものに集中できるように「環境を整える」必要があります。

これも3つの自分で考えるとわかりやすくなります。

▼1．肉体的存在としての自分の状態を整える

私たちは、五感（視覚・聴覚・嗅覚・味覚・触覚）を持った肉体的存在です。環境を把握する五感は、常にあらゆる刺激を受け取っています。

この感受機能が働きすぎると気が散ってしまいます。五感からの刺激を適度に保つことが重要です。

目の前が乱雑すぎると、色々なものが気になってしまいます。デスク回りや部屋の中を片づけることで、適度な刺激が維持された空間になります。

パソコンのモニターのバックライトの明るさなども目に優しく感じられるように調整しましょう。

仕事の音環境も、うるさすぎず適度に快適なＢＧＭがかかった状態がいいとされていますので、調整してみましょう。

食事も食べすぎると睡魔が襲ってきます。腹八分目を心がけ、においの強すぎる食べ物を避けるなどしてみましょう。

このように肉体的、個体的な環境を整備すると「集中を妨げるものを断つ」ことができます。

▼2．社会的存在としての自分の状態を整える

私たちはひとりで生きているわけではなく、他人と交わって生きています。現代で

は、ネットワーク機器によっても社会的関係が常に維持されています。その状態では、SNSによる連絡が常に飛び交い、刺激を受けないときがないくらいです。

SNSの弊害はまだ十分に研究し尽くされていませんが、適度に**SNS断ち**をすることも賢明です。時間を決めて、ネットワーク接続を断ってみましょう。

職場の環境が集中を妨げるのであれば、集中できる場所をパーティションやオフィス家具によってつくってみましょう。最近では、オフィス家具も進化しており、立って姿勢よく仕事ができるワークデスクなどもあるようです。

居心地のよい関係が築ければ、「集中力を妨げるものを断つ」ことができます。

▼3．精神的存在としての自分の状態を整える

最近は「マインドフルネス」という言葉が流行っています。精神の状態そのものを取り扱うもので、言い換えれば、瞑想だとも言えます。ヨガや一部の武道はその行為自体が瞑想的要素を持っています。

集中できずに困るのであれば、座禅を組んでみるとか、呼吸に注目してみるとか、各種の瞑想を行ってもよいでしょう。アメリカのモンロー研究所が開発したヘミシン

クという音響技術も集中力増進に効果があります。

色々な流派ややり方がありますので、自分に合ったものを見つけてみましょう。何が合うかは自分にしかわかりません。その探究もとても瞑想的で素敵だと思います。精神的に自分を整えることができれば、「集中力を妨げるものを断つ」ことができます。

このように3つの自分を整えれば、「集中力を妨げるものを断つ」ことができ、決断が容易になります。

決断を行動につなげられる人は、複数の人と夢と希望をシェアして現実を生み出す

先にも書いた通り、現実には、個人的現実、社会的現実、物理的現実の3種類があります。

個人の思いや夢はそれだけでは個人的現実ですが、他人に話すことによってもうひとつの現実化の一歩を踏み出します。それは個人の夢が、社会的現実になるからです。

さらに複数の人がその思いを共有し始めると、ますます社会的現実は強化されます。

たとえば、企業の広報は、社会的現実をつくるための行動です。

「当社はこういう新サービスを開始します」

「当社はこのように事業を変革します」

どれもが社内で構想された企画です。それを広報することによって、現実にしていくのです。広告やマーケティング活動（お客様や市場をつくる行為）も同じことです。事業が物質的な形をなすと物理的現実が出現します。

私たちは、心の中の思い、決断、夢を公言し広報し、広告することで個人的現実を使って社会的現実を揺り動かし、変化を起こしていくのです。

すぐ決める人は、このことを理解しているからこそ、多くの人に自分の思いを語って回ります。

筆者はこの原理を応用した「ミャンマー料理を食べながら夢と希望をシェアする会」という懇親会を定期的に開催しています。

初対面または常連の方々が飲食をともにして楽しい雰囲気の中で、夢と希望を語り合う懇親会です。

この懇親会のクライマックスは、5年後の未来の自分になりきってみんなで夢が実現した世界を語り合うところ。タイムマシーンで未来に来てしまったかのような気分を味わえます。

互いの夢を知り、協力関係が生まれ、夢の実現力が大幅に強化されます。

決断を行動につなげられる人は、決断と最初の一歩を同時に行う

決断したら、行動しましょう。

決断したのであれば、すぐ行動しないと意味がありません。

まさか、決断して「来年からやろう!」なんて思っていませんか?

「来年こそ行動しよう!」と言ってもいいのは大晦日だけです。

今日、明日の間にできることを決めましょう。小さな行動でいいのです。むしろ小さな行動でなければ行動しづらくなります。

コーチングする際においても、こんな会話があります。

「半月後に、お客様と会う機会があるので、そのときに伝えます」

「それまでに半月もありますね。では、それまでにできることはありますか? 特に今日中にできる小さなことはありませんか?」

「そうですね。今日中にできることだったら、そのお客様にメールを送れます」

こうやって、先のタイミングでできることが見つかったとしてもそれまでにできる行動を探せばいくらでもやれることはあるのです。

すぐに行動するということから現実に変化を起こしたいのです。たとえベストな行動が半月先にできるとしても、同時に今日中にできることを探してみてください。

決断とはじめの一歩となる行動はセットにしてしまいましょう。決断したら必ず小さな行動を行う、と決めてしまうのです。

決めたら必ず、その場でちょっとだけやってしまうというのもいいです。

たとえば英語学習。毎日30分だけ英語の朗読をしようと決めたとします。それを決めたのが就寝直前だったとしましょう。

「明日から朗読しよう!」

と言って期待に胸を膨らませて眠るのも構いません。明日の朝早速朗読できれば結構でしょう。しかし、一晩寝たら忘れるという可能性もあるのです。そんな可能性を現実のものにしたくありません。

ならば、その場で、英語の書いてあるものを取り出して、1行でも2行でも朗読してみてはいかがでしょうか。今は、スマホもPCもあります。家の中を見回したら、少しでも英語が書かれたものがあるのではないでしょうか。もしもまったく英語が身の回りに見当たらなかったら、

「Thank you very much!」

でも何でもいいから思い出せる英文を口にしてみるのです。

そうやって、確実に現実に変化を起こすことが大事です。実行したという実績はあなたの行動を力強く支えてくれます。

決断したら、小さな行動をできれば10秒以内にはじめてみましょう。

決断を行動につなげられる人は、人生のゴールを見極めている

スポーツは人生の象徴です。

マラソンは長い人生を歩む私たちの姿を暗示しています。ハードル走、走り幅跳び、棒高跳びなどは、人生の局面における挑戦や障害を乗り越える姿を象徴しています。バスケットボールやラグビーなどの団体球技は、私たちの人間関係やチームワーク、敵対関係などを象徴しています。

競技によって形は違っても、多くのスポーツにはゴールというものがあります。選手はゴールに向かって、瞬時に判断を下し、行動を決定していきます。ゴールがあるからすべての行動を決断できるのです。

では、人生の行動を決めるためのゴールがあるとしたら、それは一体どういったものでしょうか。

陸上競技のゴールをイメージすると、人生のゴールは「死」のように思えます。もしもそうであれば、一刻も早く死んだほうがよく、生まれてきた意味がわからなくなります。

「死」とは、ラグビーのノーサイドのように、人生という「試合」の終了時刻です。ゴールではありません。ゴールの達成は悦びですが、死んで悦ぶ人はいません。だから「死」は人生のゴールではなく、行動を決断させる決め手にはなりません。

人生のゴールは、それを達成すると全身で悦びを感じられるものであり、行動を決定する決め手になるものでなければなりません。

そういう意味で人生のゴールは、球技のゴールに近いものです。

球技なら、ゴールを決めても競技は終わりません。ゴールを目指してプレイして、ゴールが決まれば悦びを全身で感じます。ゴールの悦びは、スポーツの楽しみでもあります。

そのような人生のゴールとは、一体何でしょうか。

自分の成し遂げたい、「心躍る未来像」や「譲れない価値観」です。

たとえば、

「従業員1万人をハワイに連れていき慰労し、毎年全社売上が前年対比130％で成長し続け、東京の銀座に本社ビルを建て、全世界のお客様から感謝の手紙をいただいている企業を経営している」

「心を大事にする福祉の専門学校を経営し、卒業生が笑顔で職に就き、卒業後も母校に遊びに来てくれて、福祉の現場で生き生きと働いていることを報告してくれる。世界にも分校を設立し、国際的な福祉専門学校に成長している」

「世界一のトップセールスとして社内表彰を受け、営業指導に力を入れるようになり、全社売上が増進し、会社も業界トップ企業に急成長した」

などという「心躍る未来像」や、

「私は、家族と心置きなく話せる環境で暮らすのが理想だ」

「自分の創造性を遺憾なく発揮したい」

「世界一になりたい」

というような言葉で表現される「譲れない価値観」です。

人生のゴールは、スポーツのゴールとは違って目に見えず、一人ひとり違っています。

球技におけるゴールは何度もボールを入れて点数を稼ぐことができるのと同じように、人生のゴールも何度も味わい心を満たしていいものです。つまり、何度でも心躍る未来像を味わい、何度でも譲れない価値観を味わいたいと思えれば、行動の決断はとても楽になるのです。

決断を行動につなげられる人は、感情表現の3要素を使って小さな達成を悦ぶ

大目標が達成されるまでなんの悦びも満足も達成も感じられないと、私たちは疲弊してしまいます。

そのため小目標をたくさん設定するとともに、小目標の達成時には、達成をいちいち大喜びすることをオススメしています。そこで、「感情表現の3要素」を使って大袈裟に悦ぶ方法をお伝えしましょう。

感情表現の3要素とは、表情、動作、言葉の3つのことです。たとえば、嬉しいことがあったら、笑んでみたり、ガッツポーズしたり、うれしい言葉にしたりすることです。これらを使ってみましょう。

感情表現の3要素を使って小さな達成を悦ぶ

1. 小目標を達成したことを確認する
2. その小さな達成によって、大目標の達成に一歩近づいたことを味わう
3. 小目標の達成を成し遂げるためにやってきたことを思い出す
4. 自分に対して「よくやったねえ！」とねぎらいの言葉をかける
5. その達成感を表情で表す（例：満面の「笑み」）
6. 表情に体の動作で表す（例：「笑み」＋「ガッツポーズ」）
7. さらにその達成感を言葉で表す（例：「笑み」＋「ガッツポーズ」＋「うれしい！」）

「感情表現の3要素」を使って表現すると、自分の中の微細な感情や感覚が増幅されます。ちょうど、ギターの弦の振動を、ギターアンプによって増幅し、人の耳に聞こえる音にするのと同じことです。

表現することで、自分の感情を知ることができるのです。

目標の達成が「悦び」であることが身にしみ込んでいると、また達成したいという

思いが高まり、決断力にも拍車がかかるのです。やはり楽しいことや気持ちのいいことはやりたいし、辛く苦しいことはやりたくないものです。あなたの目標を楽しくうれしいことにしてしまえば、決断は楽になり、行動したくてたまらなくなります。

決断したら、次に「最初の一歩」を決める

決断はまだ、頭の中の出来事です。あなたの気持ちは、やがては世界を動かすことになりますが、「決めた段階」ではまだ世界を動かしてはいません。

何としてでも、あなたの決断を現実に落とし込むための行動が必要です。

あなたが起こす行動は、現実に波紋を起こします。その波紋はどこまでも広がっていくでしょう。バタフライ・エフェクトという概念がありますが、蝶々が羽ばたくような小さな変化が、回り回って地球の裏側の天候に影響するような大きな変化を起こすという意味です。

あなたの小さな一歩が、波紋を呼んでやがては全世界を思いも寄らない方向へと変化させてしまうのです。

では、どんな一歩が最初の一歩として相応しいでしょうか。最初の一歩を選択する

ポイントを挙げておきます。

1. 自分の「やる気の素」につながっている

なんと言っても、自分の「やる気の素」につながっていないといけません。間接的であっても構いません。つまり、心から「やりたい！」かどうかです。

2. 誰かの幸せにもつながっている

自分だけが得をして、ほかの誰にとっても迷惑なことであれば、成功するはずがありません。むしろ、あなた以外の誰かの幸せにつながる一歩であれば、他人の応援を得ることができます。誰かの悦ぶ姿が目に浮かぶかどうかです。

3. 今日、明日中にできる行動である

最初の一歩を踏み出すのが、十年後というのでは話になりません。一週間後でも遅いです。今、今日中、少なくとも明日にはできることである必要があります。十日後にやることがあるのであれば、そのために今日できる行動を見つけましょう。

4．自分自身でできる行動である

他人と協力しなければできないことであっても、そのことを実現するために自分だけでできることがあります。最初の一歩として決めるのは、自分自身でできる行動にしましょう。同僚と一緒に訪問するという課題であれば、そのためにスケジュールを確認するとか、訪問経路を確認するとか、待ち合わせ場所を決めるなど、自分自身の行動を最初の一歩にしてください。

5．39度の熱を出していてもできるくらい小さな行動になっている

気合いを入れなければできないこともたくさんありますが、気合いを入れるためにできる小さなこともあります。大きな仕事も、小さな行動に分解していくと、39度の熱を出していてもできるような小さな行動にまで小さくなります。そこまで小さくしてしまえば、すぐに行動できるので、間違いなく行動を開始できます。

決断と同時に「失敗のシミュレーション」も行う

決めるということは、アクセルを踏むという意志を持つことでもありますが、同時に、ブレーキを踏むという意思である場合もあります。

進むか止まるか、加速するか減速するか、増やすか減らすか。色々な決断がありま す。

決断し、行動しながらも、なお不安が残ることもよくあることです。「決めたからには、一切不安を感じるな」というのも乱暴な話です。不安を感じるときには、それ相応の理由があるはずです。その不安に耳を傾け、進むなり退くなり留まるなり、適切な対応をしたいものです。

もしも、不安が高まり、それ以上行動し続けられないと感じたら、大失敗した場合をシミュレーションしておきましょう。

出口戦略策定のためのステップ

ステップ1　決断に際して不安を書き出す

決断するにあたっての不安があれば、細大漏らさず書き出します。

たとえば、製品の発注先を海外のA社にしていいのか、不安がよぎったという場合、「納期が間に合うか」「品質が満たされているか」「数量は足りるか」「アフターサービスはどうか」「A社が受託してくれるか」「A社との取引が社内で承認されるか」「A社との交渉がうまくいくか」など不安な要素を書き出します。

ステップ2　決断したあとの展開についての不安だけを抜き出す

書き出した不安の中でも、決断後に行動してからの展開についての不安を抜き出します。右の例では、「納期」「品質」「数量」「アフターサービス」などが主な決断後の展開についての不安です。

ステップ3　失敗につながるチェック項目を探す

何がどうなれば失敗となるのかをよくシミュレーションして、その失敗の兆しとなり得るチェック項目を探します。

先の例では、納期については「出荷日」、品質については「出荷前の品質検査結果」、数量については「出荷前検品の結果」、アフターサービスについては「A社のアフターサービス体制とその実績」などがチェック項目になります。

ステップ4　確実に失敗すると思われる項目を選ぶ

いくつもチェック項目が見つかったとして、その項目が悪化すれば確実に失敗すると思われる項目を選びます。

先の例では、一番の不安項目が納期である場合、A社の出荷日次第で、納期が大幅に狂うため、まず「出荷日」の確認が最重要なチェック項目になります。

ステップ5　チェックするサイクル、タイミング、方法を決める

項目を定めたとしてもそれをチェックしなければ、項目がないのと一緒です。項目をどのようなサイクルやタイミングでチェックすべきかを検討します。

先の例では、「出荷日」がチェック項目なので、予定出荷日まで定期的に進捗状況をチェックし、出荷予定日当日には、出荷報告の連絡をもらうようにするよう取り決めをすることになるでしょう。

そして項目をチェックするタイミングを日々のルーティンに落とし込みます。先の例では、進捗状況と出荷報告のチェックをスケジューリングします。

ステップ6　条件が成立した際の行動を決めておく

失敗の条件が成立した場合、どのような行動を取るべきかあらかじめ決めておきます。いざというときに、すぐに撤退または変更ができるようにしておくのです。

先の例では、進捗状況に遅れが見られて、出荷予定日に出荷できない場合に、納期遅延の連絡先、謝罪連絡文書の発行などの手続きを決めておきます。

ステップ7　決めたタイミングでチェックしながら、果敢に行動する

失敗の条件も想定した上で、そうならないように、かつ、そうなったときには変化できるという前提で、果敢に行動します。

要はある条件のもとに決断をしたのであれば、その条件が崩れたときに、どのように撤退または変更するのかも考えておくということです。物事はあるときうまくいっていても、いつ大きな変化が生じて諸条件がまったく変わってしまうかわからないのです。

決断と同じで、ある必要十分条件が揃ったら、行動をストップして撤退すると決めておくのです。撤退の条件を決めておくことも非常に大事なのです。

その上で失敗しないためにできることを考えると、さらにいいアイデアが出てきます。

うまくいこうとうまくいくまいと、結局は成功させるためのプロセスをしっかりと確認し、あらためて決意し、決断し、初動を起こすのです。

第5章

決断をゴールにつなげる目標達成法（夢をかなえる）

Fulfill a dream

決断をゴールにつなげるコツ

本章のテーマは、「決断をゴールにつなげる目標達成法」です。

ここまで「決められる人」になるための方法やワークを様々ご紹介してきましたが、そもそも何のために「決められる人」になる必要があるのでしょうか？

それは、ゴール、つまり夢を叶えるためではありませんか。

日々の意思決定に役立てたいと思った方もいらっしゃるかもしれませんが、それらはすべてあなたの夢につながっているでしょうか。日々の行動を夢の実現につなげることもできれば、つなげずにおくこともできます。

「はじめに」でも書いた通り、決められる人になれば、仕事でも結果が出るようになります。そして人生を変える大きな一歩を踏み出すこともできます。決めることができればすべてを動かすことができるのです。

だからこそ決断を行動につなげたら、それをあなたの夢の実現につなげていきたいのです。


あなたが決断したことは何でしょうか？

「転職をする」

「今の会社で頑張り続ける」

「独立、起業をする」

などあったかもしれません。

しかし、目の前の決断の先にあるべきは、あなたの「譲れない価値観」と「心躍る未来像」の先にある夢、ゴールです。

まずは、あなたの夢を明確にしましょう。


「○○になる」

これが決まったら、その夢のための決断をしていきましょう。以下、夢を実現するためのコツを最後にご紹介していきます。

決められる人は、「夢」を「現実」にしてしまう

決められる人は、決めてすぐ行動するからこそ、頭に思い描いた「夢」を「現実」に変化させていきます。

「夢」とは、曖昧模糊《あいまいもこ》として、肉眼では見えず、触ることも食べることもできません。「夢だけじゃ食べていけない」とはよく語られるセリフです。

確かに「夢」見るだけでは食べていけません。

そうならば、「現実」にすればいいではありませんか。「夢」を「現実」にすればいいのです。それだけのことです。

そのために決定的に大事なことは、「夢」を「現実」にする「決断」をすることです。決めなければ始まらないということは、本書で何度も述べてきたことです。

ソフトバンクの孫正義会長は、かつて自ら「大ボラふき」と形容し、創業時には

「売り上げを豆腐のように1兆、2兆と数える企業になる」と2名の従業員の前で宣言したという逸話があります。

自ら「大ボラ」と謙遜するのは、孫会長またはソフトバンク社のユーモアか広報戦略上の戦術かもしれません。それはそれとして、私は創業者の「夢」を「大ボラ」などと軽んじるべきではないと思います。

孫会長の「大ボラ」が現実になったからそう言うのではありません。構想の段階では、どんなことも夢物語であり、どんな夢も希望も、色も形もない「ホラ話」に過ぎないのです。

「ホラ話」が出た時点では、正しいも正しくないも、よい悪いも、真実もウソもありません。あるのは、その後そのホラ話を現実にしようとしたかどうかです。孫会長の例は、まさに現実にした例です。

自分の頭の中にだけある「夢」は、他人にとっては無色透明で形のないものであり、あなたがそれを語らない限りその存在すら知られていません。あなたの生み出した「夢」がぜひ、この世で日の目を見るようにさせてあげましょう。そのための決断をし、現実にするための一歩を踏み出してください。

夢を現実に変える方法

では「夢」はどのようにして「現実」にできるのでしょうか。夢を実現する構造を理解してしまいましょう。私たちは、様々な願望や希望を持ちます。

・就職したい
・マイホームを持ちたい
・世界的な賞を受賞したい
・来年こそ昇格したい
・世の中がアッと驚く商品を開発したい
・世界一周旅行をしたい

などといった望みです。

このままではそれぞれの願望が具体的にどのような形で実現されたら満足できるのかがわかりません。具体的な姿が見えないと具体的な行動が起こせず、願望の実現は運任せになってしまいます。

しかし次のような疑問に一つひとつ答えていくと、願望の具体的な姿が見えてきます。目に見えない願望を目に見えるかのように具体化するプロセスです。

・就職したい……どんな職種？　勤務地はどこ？　給料はいくら？
・マイホームを持ちたい……どんなところに、どんな家？　その家には何がある？　誰と住む？　いつまでそこに住みたい？
・世界的な賞を受賞したい……何の賞？　世界的とはどういう意味？　受賞できたらどんな気分になる？
・来年こそ昇格したい……どれくらい昇格したい？　昇格してどんな仕事をしたい？　昇給額はどのくらい？
・世の中がアッと驚く商品を開発したい……それはどんな分野の商品？　アッと驚

くとはどういうこと？　いつまでに開発する？　どこで開発したい？
・世界一周旅行をしたい……どんな都市を巡りたい？　期間は？　ひとりで？　それとも誰かと一緒に？　各地で何をしたい？　何を見たい？　何を食べたい？　誰と会いたい？

このプロセスを「夢見る」とか「夢に描く」とか呼びます。

夢に描いたものは、その時点ではまだ頭の中だけのものです。夢に描けば、今度は口にしたり、絵に描いたり、企画書にまとめたりして、具体化されます。

ここまで来ると、個人的現実はずいぶん具体的になるのです。

ビジネスパーソンは日々企画書や提案書を書いていると思いますが、それこそビジネスにおいて「夢に描く」ということをしているのです。

「夢に描く」ことができれば、今度はそれを社会的現実と物理的現実の世界（3次元世界、合意された現実）で手に触れ、目に見える形にすることができます。

具体的に夢を描けば、どんな色や形か、またはどんな材料を使うのか、どんな大きさや量なのかも明確になります。その青写真に則って現実化することができるのです。

不得意なことは他人に助けを求める

自分で何でもできるなら、それはそれで結構です。しかし何でもかんでも得意だという方はほとんどいません。

何かを決断し行動し始めると、やるべきことがたくさん見つかります。精力的に一つひとつこなしていっても、苦手なことや不得意なことに取り組み始めると、途端にスピードが落ちてしまうということがあります。それらに取り組むといつまで経っても終わらないということもあります。

私たちは、ごくわずかなことについては得意でも、その他の多くのことは苦手か不得意、未経験で知識がないというのが普通です。

決断をゴールにつなげられる人は、やるべきことがたくさんあることと時間は限られていることを認識し、嫌いなことや苦手なことに必要以上にかかずらうことは得策でないということを知っています。

そして、決断した上で、自分の不得意なことは他人に依頼したり、任せたりします。自分の「好きで得意なこと」に自分は集中し、他人が「好きで得意なこと」は他人に任せるのです。

チームで仕事をする場合、そのような役割分担ができれば、課題に取り組む一人ひとりが各自の「好きで得意なこと」に集中した状態をつくることができるのです。互いに「好き」で「得意」な領域で、補完し合い、助け合うのです。

自分の好き嫌い、得意不得意を認識し、受け入れていれば問題ありません。しかし、中には他人からよく思われたいばかりに、何でもできる振りをする方もいます。

弱みを見せたくないとか、なめられたら終わりだとか、他人は人の弱みにつけ込むものだという信念を持っていると虚勢を張ってでも自分を完璧に見せたくなるのかもしれません。

最初のうちは頼もしいと思われるかもしれませんが、心の内にある不安や恐怖心というのは伝わるものです。やがて誰からも信頼されなくなったり、心配されたり、敬遠されたりするでしょう。結果、損をします。

何といっても、何でも自分が得意だと見せかけてしまうと、他人に依頼したり、任せたりすることがしづらくなります。また、いつまでもできる振りをし続けなければならなくなります。それは無理のある生き方です。

決断をゴールにつなげられる人は、他人に助けを求めることをいといません。そして、他人の求めに応じて助けることもいといません。お互い様であることを知っているからです。

自分が得意でないことも他人の助けを得られる環境をつくっておけば、どんなことでも臆せずにチャレンジできます。

また、情けは人のためならずという言葉の意味をよく理解し、情けを受けることも自分のためならずということを理解しています。

助け合いの循環によってみんなで成功しようと思っているからこそ、すぐに決めることができるのです。

他人と自分の得意・好きを把握する

決断をゴールにつなげられる人は、他人と自分の得意・好きを的確に把握しています。自分のみならず、他人のこともよく観察しているからです。他人の不得意領域は、助けようとするし、自分の不得意領域を助けてくれる人は誰だろうと考えているからです。

そこで、もしもあなたにビジネスパートナーがいるならば、パートナーと自分の得意・不得意と好き嫌いを分類してみることをオススメします。手順は次の通りです。

まず、自分の得意と不得意、好きと嫌いを書き出します。パートナーにも、得意と不得意、好きと嫌いを書き出してもらいます。

次に、共鳴・補完分類表をつくります。横軸に自分、縦軸を相手にして、それぞれ得意・不得意、好き・嫌いを分類していきます。

共鳴・補完分類表

		相手	
		得意・好き	不得意・嫌い
自分	得意・好き	**協力する** 領域	**引き受ける** 領域
	不得意・嫌い	**任せる** 領域	**誰かに依頼する** 領域

そうすると、自分も得意で、相手も得意というものや、自分も好きで、相手も好きというものは、「共鳴領域」だということがわかります。この領域は、相互に協力できる領域ですので「**協力する領域**」と呼びます。

自分は不得意で、相手が得意、というものや、自分は嫌いで、相手が好きというものは、「相手に補完してもらう領域」です。つまり、相手に「**任せる領域**」です。

自分は得意で、相手が不得意というものや、自分は好きで、相手が嫌いというものは、「自分が相手を補完する領域」です。つまり、自分が「**引き受ける領**

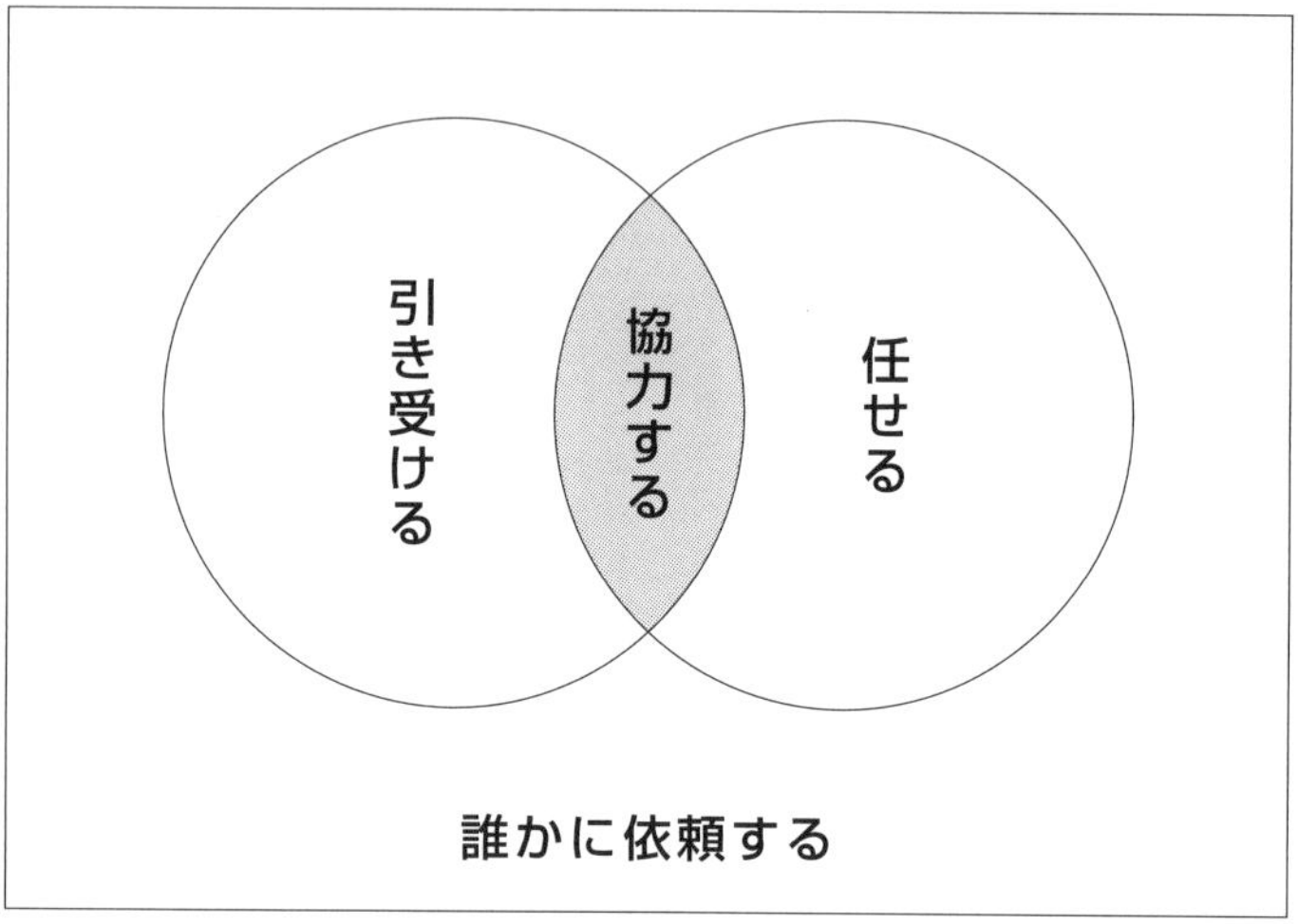

域」です。

自分も相手も不得意なものや、自分も相手も嫌いなものは「第三者に依頼して補完してもらうポイント」に分類されます。つまり「**誰かに依頼する領域**」です。

このような分類ができると、仕事の分担が楽になります。パートナーと一緒につくれば、共通認識のもと、分担することができるのでストレスが減ります。

パートナーのみならず、複数のメンバーで分類することもできます。ぜひやってみてください。

たとえば、名刺整理が面倒だと考えている上司が、部下に名刺整理をしてもらっているとします。上司は「嫌なことをやらせて申し訳ない」と感じていたとします。

そこで、上司と部下の補完ポイントを探し分類してみると、なんと部下は名刺専用スキャナーとアクセスとで名刺管理システムをつくり上げていました。部下はシステム化するのが好きで、自分でマクロを組んだり、プログラミングしたりすることに生きがいを感じるタイプだったのです。

上司の「苦手で嫌なこと」を、部下が「好きで得意」だったということがわかったわけです。つまり、自分の苦手な部分を補完してもらうのは、それが好きな相手にとってはうれしく楽しいことなのです。

このように「あの嫌な仕事をやってくれる人がいたらいいなあ」と思ったときに、「私は、その仕事、やりたいです!」と言ってくれたら、まさに「渡りに船」です。

世の中のことは、ちゃんと分類してみれば、「渡りに船」なことがたくさんあるものなのです。普段、そうしたことが見つからないのは、みんな自分と同じ感覚を持っているに違いないという思い込みをしているからです。他人は、あなたの思うような人ばかりではありません。先入観を捨てて、心は真空状態で臨みたいものです。

「任せる領域」を簡単に見つける方法

分類をしてみれば、「渡りに船」と言えるような補完ができると言っても、いちいち相手の「好き・得意」を聴き出して分類する余裕などないから無理な話だと思う方もいることでしょう。でも、ご安心ください。見方を変えれば、簡単に「渡りに船」状況をつくることができます。

まずは、自分の「不得意・嫌いなこと」を明確にしておきましょう。そして、できれば誰かに任せて補完してもらいたいことをリストアップしておくのです。たとえば、

「経費処理」
「プレゼンで使う画像の検索と選択」
「議事録の作成」

「英語による交渉」

「会議用の配布資料の作成」

「会議室の予約」


など、自分が「面倒だ」「苦手だ」と思うことをリストアップしておきます。

そして、人と会って話をしたときに、そういった自分にとっての「苦手分野」が「好きで、得意」かどうかを聴き出すのです。

単刀直入に、そういったことが好きかどうかを聞いてみればいいのです。

さらに、どうして好きか、いつもどうやっているのか、他人の分までやる余裕があるのか、他人の分までやっても楽しいかを聞き出しましょう。

その上で、その人の苦手で不得意で嫌いなものは何かを聞き出します。

その中で、自分の「好きで、得意」なことが出てきたら、その部分を自分が「引き受ける」提案をし、同時に、自分の不得意分野を「任せる」ことで助けてもらうように提案してみましょう。

実際に助けてもらったら、必ず感謝の気持ちを伝えましょう。

「ありがとう」でも「助かったよ」でも構いません。

感謝の気持ちは、相手の労力に対する対価にもなります。

もちろん、あなたは役に立つことでその人を助けてください。感謝の循環と補完の循環が起これば、仕事はしやすくなります。

それが、一人ひとりが自分らしく助け合える関係です。

人生を外側から俯瞰して決断する方法

人の一生はビジネスだけではありません。

結婚すべきか、子どもを持つべきか、日本で暮らすのか、海外で一生を終えるのか、子どもたちはどこで育てるべきか、ビジネスと家庭とのバランスをどうとるか、病とどう向き合うか、など、生老病死に関することは、ビジネスの外側にあって、ビジネスに深く影響を与えます。

このような課題は、人生全体を俯瞰して決断しなければなりません。視野を広く、意識を拡大させて、人生の外側に立つかのような思考をする必要があります。

そのための3つの観点を紹介します。

1. 死を意識して決断する

ついつい先延ばししてしまう、というのは誰にでもあることです。今日と同じような日常が、明日以降も続くという確約が取れているならば、それもいいでしょう。明日、何が起こるかなど、誰にわかるでしょうか。

世界の政治が激変しています。経済状況の変化も予測が不能です。地球規模の気候変動も予断を許しません。日本という特殊な地域に住まう私たちは、平和と安全を長い間享受してきました。

そのため「日本人は平和ボケしている」などと言われることがあります。「戦後七十数年」と言っていられることは確かにすごいことです。しかし、世界を見渡してみれば、地域紛争も含めて過去七十数年の間ずっと戦争があったわけで、とても「戦後七十数年」などと言ってはいられません。

戦争がなかったとしても、不慮の事故や病気などによって人はいつ死ぬかわかりません。明日をも知れぬ我が身とは誰にとってもあてはまることなのです。

決断に迷いが生じたり、決断を先延ばししそうになったりしたら、「もしも明日が来なかったら」と考えてみてください。今日できることは今日しかできません。今決断しなければならないことは何かについても見えてくるでしょう。

逆に、もしも明日という日が自分に訪れないのならば、どうでもいいことも見えてくるはずです。これまで迷ってきたことの中には決断するに値しないことも含まれていたかもしれません。

死を意識するからこそ、今この瞬間の決断力が高まります。

2.「死後」の世界を意識して決断する

さらに「死後」の世界を想像してみてください。

これは、死後の霊的な世界という意味ではありません。

あなたが死んでしまったあとの現実世界です。仲間や家族、友人や知人、仕事や取引先が、あなたの死後もそのまま存続している世界のことです。

この「あなたのいなくなったあとの世界」が、どうなっていってほしいのか、そのときのために今この決断をすることが相応しいのか否か、それを考えてみるのです。

あなたは、どんな足跡をこの世界に残していきたかったでしょう。生きた証をどのように残したいでしょうか。日々の仕事に追われ、気を遣い、我慢し、おべっかを使い、人間関係を調整し、丸くおさめ、肝心なことが後回しになっている。そんなことになっていませんか？

やるべきことだけに取り組んで、心の底からやりたいことに取り組んできたでしょうか。今すぐにでも取りかからなければならないことは、誰かからやれと言われたことなのでしょうか。あなたが誰かのためにしてあげたいことは何ですか？

今は、ただ、今のためにあるのではありません。未来へとつながる今でもあるのです。今できる決断が、あなたとあなたの愛する人たちの未来をつくります。

3. 自分のいない世界を想像して決断する

ここまで本書を読んできたあなたは、今、確実に生きています。この世に生をうけて、言葉を読むことができるまでに知的で、本書を読むほどに意欲的です。あなたにとって、あなたの生きているこの世界は、なんの疑いもなく、なんの変哲もない世界だと感じているかもしれません。

しかし、もしもあなたが、決断できずに迷い、夢の実現に踏み切れないでいるのであれば、あなたのいない世界を想像してみてください。

あなたが生まれることのなかった世界を想像してみてほしいのです。

もしもあなたが存在していなければ、あなたが今見ている世界も存在していません。あなたの痕跡がすべてかき消された世界で、あなたと接点のあった人たちは、すべてまったく別の人生を歩んでいるのです。あなたの存在によって勇気づけられた友達は悲しみの淵に沈み、あなたとともに笑い合った仲間たちは、あなたとの記憶を一切持っていません。

あなたの親御さんは、あなたという子を持たず、もしも今、おつきあいしている人がいるならば、その人はあなたというひとりの人間と出会うことなく、現在はまったく違う人生を歩んでいるのです。あなたが結婚しているとしたら、パートナーはあなたという存在を知りません。お子さんがいる方は、そのお子さんもこの世に存在していないのです。

あなたがひとりいないだけで、この世界はまったく異なる様相を示し、想像を絶する別世界に変わり果ててしまいます。

しかし、幸いなことにあなたはこの世に存在しています。これまでこの世界にいくつもの痕跡を残してきました。あなたのこれまでの人生は、あなたの願いの具体化と、夢の実現過程でした。それはまた決断と行動の連続でした。

これからも、あなたは決断をしていくでしょう。それによってこれまで以上に、世界に対して少なからぬ影響を与えていくことができるのです。

それでもあなたが、自分の夢の実現を放棄してしまい、決断し行動しようとしなかったら、あなたの夢は闇に葬られてしまいます。それは、あなたのいない世界となんら変わりありません。あなたの夢が存在せず、実現されようがない世界と変わりないのです。

他人が何か言ったからとか、無理そうだからとか、あれこれ理由をつけて夢を葬り去ったとしたら、夢を潰した責任はあなたにあります。他人のせいではありません。

どうしてあなたがあなたの夢を葬り去る必要があるでしょうか。あなたの夢を生かし、育てることができるのはあなただけです。

この広い宇宙の中に浮かぶちっぽけな地球の上で、あなたの夢はあなた以外の誰にも実現することはできません。あなたの夢はあなたの決断と行動によってしか実現できないのです。


あなたの夢は、実現されたがっているのではないですか。

あなたの夢は、あなたが断念しない限り誰にも潰されることはありません。

あなたの夢は、明確にするならば実現の道を進みます。

あなたの夢は、決断と行動によってのみ実現させることができます。


夢見ることができるのは私たちに与えられた特権です。その夢を実現するために決断し、行動できるのも、この世に生をうけた私たちの特権なのです。

そしてあなたは、今、ここに生きています。

だからこそ、あなたの夢を実現するために、決断してください。そして、最初の一歩を踏み出してください。

むすびに

本書はあなたの幸せな成功を願って書きました。

あなたの幸せな成功は、あなたの周りの人を幸せにするでしょう。あなたひとりの幸せは、この世界に落とされた一滴の幸せですが、その滴の生み出す波紋が全世界に広がっていきます。

すべては、あなたの決断ひとつにかかっています。あなたの決断が、あなたの行動を促し、全世界を揺るがし、幸せの連鎖が起こるでしょう。あなたの決断が生み出す世界の幸せを心より願っています。

そんな本書がこのようにできあがったのも、多くの方の力をいただけたからでした。今回も全面的にサポートしてくださった編集者の鹿野哲平さん、常に明るくパワフルな編集長の手島智子さん、青春出版社の営業の皆さんに心よりお礼を申し上げます。

　そして、武道および人生の師である大宮司朗先生（大東流合気柔術　玄修会）、ヘミシンクの泰斗である坂本政道さんはじめ、アクアヴィジョン・アカデミーのヘミシンクトレーナー芝根秀和さん、小島由香理さん、大野光弘さん、高柳美伸さん、笠原園代さん、山口幸子さん、尾方あやさん、西宏さん、吉田公明さん、津蟹洋一さんほか森田菊野さんはじめスタッフの皆さん、モンロー研究所のFranceen Kingさん、コーチングの師匠である平本あきおさんと株式会社チームフローのコーチの皆さん、プロセスワーク研究会の富士見ユキオさんと岸原千雅子さん、メキキの会の出口光会長、私のコーチである大平信孝さん（株式会社アンカリング・イノベーション代表）、山元賢治さん（株式会社コミュニカ代表）、ミャンマーのみならず世界で活躍し続けているすわじゅんこさん（シンガーソングライター）、マルチな才能を持ったミュージシャンの那須仁さん、世界で活躍するドラマー誉恵留さん、スペインを拠点に活動するNynnさん、類い稀な声を持つシンガー福原望さん、セラピストの小林政彦さん（Re Koba代表）、古神道修道士の矢加部幸彦さん（著書に『神ながら意識』）、小説家の紫生サラさん、PLUS時代からお世話になっている全プラス労働組合初代委員長武中正次郎さん、紙谷正之さん、髙田愼一さん（プルデンシャル生命保険株式会社）、講談師の田辺凌鶴先生、池山千尋さん、和田清香さん（Kurikiyo Design & Art代表）、イラストレーターの津田薫さん、山﨑浩美さん（ヒーリング・アーティスト）、三浦将さん（株式会社チームダイナミクス代表）、中島輝さん（国際コミュニティセラピスト協会）、姿勢治療家®の仲野孝明さん（仲野整體院長）、スーパービジネスマン濵畠太さん（大東建託株式会社）、自分売り出しプロデューサーの宮脇小百合さん（株式会社寿守）、「5分会議」を活用した人財育成家の沖本るり子さん（株式会社CHEERFUL）、経営者専門のコーチ椎名美智子さん（株式会社シーナビジネスコンサルティング）、小説家ののまみちこさん、愛媛は松山の人財育成コンサルタント横関裕さん、学生時代からつきあいのある竹原浩さん、原口悟史さん（カイロプラクティック原口）、オフィス労協以来お世話になっている田中浩一さん（コクヨ株式会社）、労組時代からお世話になっている高濱厚巳さん（合同会社ユニオンサポートプランニング）、在日ビルマ人を長く支援している田辺寿夫さん、BRSAのU HLA TIN TUNさん、MAUNG YAN SHIN MOEさん、MA KHIN HTA WAIさん、KYU KYU SANさん、MOE SANDERさん、AUNG KO OOさん、熊切拓さん、野上俊明さん、川村淳一さん、峯田史郎さん、神田活彦さん、下形美穂子さん、すでにミャンマーに帰国されたTHET AUNGさん。また「ミャンマー料理を食べながら夢と希望をシェアする会」でお世話になっている山田千央さん、MIMI TIN TIN HTWEさん（グレースミャンマー株式会社・豊島区北大塚）、MOMO HTUNさん（ミャンマーアジアレストラン・ゴールデンバガン・新宿区富久町）、KYAW KYAW SOEさん（ミャンマーレストランRUBY・新宿区高田馬場）、ミャンマーの一流アーティストのプロデューサー岩城良生さん（株式会社オフィス良生）、ヤンゴンで「平和（な）コンビニ」を経営するMAUNG KYI CHANさん（テットンアウン株式会社）、Breaky KHINさん、AUNG LINさん、CHU PWINT HLAINGさん（Hoshi Japanese Language Center）、ミャンマー観光ガイドのTIN NWE AYEさん、MA HAY MARさんと落合清司さんご夫妻、日本ミャンマー支援機構のTUN AUNG KHINさんと深山沙衣子さんご夫妻ほかミャンマー人の皆さん、松永克平さん（五洋建設株式会社）、アジア各国で活躍するバンドGypsy Queenの戸村しのぶさんと秋山岳久さんと伊藤雅昭さん、そしてPutimetalのviviこと杉山彩香さん（川上産業株式会社）、八王子から世界に向けて愛を放つ亜凛さん。皆様に深く感謝の意を述べたいと存じます。ここにお名前を挙げ切れないほど多くの方のお世話になってこの本はできあがりました。重ねて感謝申し上げます。

そして株式会社Gonmatus所属の夢実現応援コーチ各位、橋本弥司子さん（あどわいず代表・開運スタイリスト・「魂が悦ぶ®出版講座」講師）、尾脇優菜さん（夢実現・作家支援コーチ）、物部よしひろさん（臨床心理士・Premda Counseling room代表）、和夏さん（フォトセラピスト・作家）にはともに悦び、笑い合う日頃のご支援・ご協力に心より感謝しています。

最後までお読みいただき、感謝に堪えません！　誠にありがとうございます！

さて、本書があなたの決断を促し、はじめの一歩を踏み出す一助となるならば、これに勝る喜びはありません。本書のご感想やご意見、学べたこと、チャレンジしたことなどをお気軽にご連絡いただけたら、天にも昇るほどうれしいです。

あなたからいただくメールは、私の今後の活動を支えるエネルギーです。あなたの率直なご感想を心よりお待ちしています。

あなたの今後のますますのご活躍とご健康とご多幸を心よりお祈り申し上げます。

平成29年　1月吉日

夢実現応援家・メンタルコーチ　藤由　達藏
メールアドレス：gonmatus@gmail.com
藤由達藏オフィシャルサイト：http://kekkyoku.jp

著者紹介

藤由達蔵（ふぢよし たつぞう）
株式会社Gonmatus代表取締役。
Seminar room gonmatus代表。
夢実現応援家（メンタル・コーチ）

「人には無限の可能性がある」をモットーに、作家・シンガーソングライターから経営者・起業家・ビジネスマン、学生・親子まで幅広い層を対象に、対面コーチングや研修、ワークショップを提供している。

各種心理技法や武術、瞑想法、労働組合活動、文芸・美術・音楽創作等の経験を統合し、「気分と視座の転換」を重視した独自のコーチング・スタイルを確立。

初の著書でベストセラーとなった『結局、「すぐやる人」がすべてを手に入れる』に続く好評第二弾は『結局、「1％に集中できる人」がすべてを変えられる』。

そして、最新刊の本書のテーマは「決断力」。この〝決める力〟が、自分を劇的に変える！


結局《けっきょく》、「決《き》められる人《ひと》」がすべてを動《うご》かせる

2017年1月15日　第1刷

著　者　藤《ふぢ》由《よし》達《たつ》蔵《ぞう》
発行者　小澤源太郎

責任編集　株式会社 プライム涌光
電話　編集部　03(3203)2850

発行所　株式会社 青春出版社
東京都新宿区若松町12番1号 〒162-0056
振替番号　00190-7-98602
電話　営業部　03(3207)1916

印刷　中央精版印刷　製本　フォーネット社

万一、落丁、乱丁がありました節は、お取りかえします。

ISBN978-4-413-23025-4 C0030